英语专业系列教材

E-C & C-E SIGHT INTERPRETING: A COURSEBOOK

英汉互译视译教程

钱多秀 袁丽珺 主编

清华大学出版社
北 京

内 容 简 介

本教材是一本实用型视译口译技巧教程，选材以与中国相关的科技素材为主，以适应当今时代对视译口译的需求，帮助学习者在国际交流中更好地处理中国素材，表达中国声音。全书共 8 章，主要分为两大部分：第一部分是第 1~2 章，阐述视译理论发展和研究现状。第二部分是第 3~8 章，主要涉及视译实战讲解，话题涵盖社会问题、“一带一路”倡议、经济形势、信息技术、航天工程、人工智能、清洁能源等。每章分背景知识、实战讲解、实战演练三大板块。书后附有参考译文，供学习者参考自查。

本教材适合英语专业、翻译专业的本科生和研究生学习使用，对语言服务行业的从业人员亦是有价值的学习资料。

图书在版编目（CIP）数据

英汉互译视译教程 / 钱多秀，袁丽珺主编. —北京：清华大学出版社，2019（2024.1重印）
英语专业系列教材
ISBN 978-7-302-53483-9

Ⅰ. ①英… Ⅱ. ①钱… ②袁… Ⅲ. ①英语—翻译—教材 Ⅳ. ①H315.9

中国版本图书馆CIP数据核字（2019）第179541号

责任编辑：黄智佳 刘 艳
封面设计：子 一
责任校对：王凤芝
责任印制：丛怀宇
出版发行：清华大学出版社
网 址：https://www.tup.com.cn，https://www.wqxuetang.com
地 址：北京清华大学学研大厦A座 邮 编：100084
社 总 机：010-83470000 邮 购：010-62786544
投稿与读者服务：010-62776969, c-service@tup.tsinghua.edu.cn
质量反馈：010-62772015, zhiliang@tup.tsinghua.edu.cn
印 装 者：三河市春园印刷有限公司
经 销：全国新华书店
开 本：170mm × 230mm 印 张：11.5 字 数：174千字
版 次：2019 年 10 月第 1 版 印 次：2024 年 1 月第 2 次印刷
定 价：58.00元

产品编号：082908-01

前 言

翻译专业是一个新兴专业，旨在培养中国新时代国际化所急需的跨语言、跨文化交流人才。在翻译本科专业教指委颁布的课程设置建议里，视译是一门高年级课程。但是由于缺乏相关师资，在全国（2018 年）250 多所设立翻译本科专业的高校中，目前开设此课程的学校并不多。而北京航空航天大学自 2010 年开设翻译本科专业以来，是全国为数不多的开设此专门课程的学校之一，且已经形成了一定的社会影响。

视译（sight interpreting, sight translation）是对书面文字进行口译，即将 A 语言的书面文字转换为 B 语言的口头表达，以方便 B 语言使用者迅速掌握 A 语言的书面文字内容和信息，在国际会议和许多场合（如法庭、医院等）大量使用。掌握视译技能，是口译学习者掌握交替传译和同声传译技能的关键环节。口译学习和笔译学习都需要掌握视译技能，才能达到高质量、高速度跨语言交际的目标。

在社会需求方面，新时代如何在国际场合讲好中国故事，让中国方案为世界所理解和接受，是当前国际交流中的一个重要课题。在科技领域，促进中国科技成果走向世界，帮助中国科学家与世界同行更好交流，也是目前我们面临的一个紧迫挑战。使用视译的场合多为国际会议，主题通常是专业领域的国际交流。据行业统计，在跨语言的国际会议性交流中，科技类内容占有约 50% 或以上的份额，因此，语言服务行业对熟悉科技内容的视译人才需求旺盛。

在教材建设方面，现有的几部视译相关的教材，多数出版时间较早，主要谈及英汉视译，较少包含汉英视译，且内容不够新颖，对科技素材几乎没有涉猎，在新的理论阐述和技能讲解方面，均不能较好适应新时代口译学习者的需求。

这些因素都表明，编写一部偏重科技内容的视译课程教材恰逢其时。

本教材在现有少量视译教材的基础上，取长补短，对视译的较新理论研究成果和技能进行分解阐述，系统处理学习者在学习中遇到的各层次问题，在语篇、句子和短语层次上提供各种实战技巧。在实战讲解部分，本教材选取课程中使用的最新素材，其中科技类内容占较大篇幅，并对相关背景知识进行重点讲解。本教材的特点主要有以下几个方面：采纳较新的视译理论研究成果与技巧阐释，采用较新素材，并包含较高比例的科技素材，以弥补空缺，更好地适应当今时代对视译口译的需求；重点关注国内外媒体对中国各个领域的报道和评论，以促进视译学习者对中国话题中英文表达的熟悉程度，从而在国际交流场合更好地处理中国素材，表达中国声音。

本教材面向英语专业和翻译专业的本科教学和研究生教学，亦适合自学，能在一定程度上促进语言服务行业人才的培养和成长。

本教材共 8 章，钱多秀负责全书的统筹，并编写了其中 6 章，袁丽珺编写了其中两章及参考译文部分。

感谢历年参与本课程授课的同学对教学给出的反馈。感谢北京航空航天大学外国语学院文军教授对教材筹备工作的大力支持。本教材在编写过程中参考了大量网络资料，由于链接时效和空间限制，未能一一标出，在此对所引用资料的编写者深表感谢。本教材的出版得到北京航空航天大学出版基金（编号：011200/40121102）和北京市“语言战略与政策研究基地”资金支持（编号：011200/KG12108601），特此致谢。最后，感谢清华大学出版社黄智佳编辑为本书出版付出的辛勤努力。

由于编者水平有限，书中难免有不足之处，恳请读者批评指正。

编者

2019 年 4 月

目　录

第一章 绪 论

国外翻译专业设置由来已久，在知名大学的翻译院系（如瑞士日内瓦大学、英国华威大学、英国利兹大学、英国巴斯大学、英国威斯敏斯特大学、美国蒙特雷高级翻译学院、法国巴黎高等翻译学院等），高年级课程设置中均有视译课程。

1.1 翻译专业课程设置：视译

我国自2006年设立翻译本科专业以来，该专业在全国范围内迅速发展，截止到2018年，全国共有252所高校开设了翻译本科专业。翻译本科专业教学指导大纲对课程设置的指导性意见中，建议开设视译课程。根据我们网上查询的数据，由于诸方面因素的限制（如师资、教材、设施等），截至2018年年底，全国仅有不到30家高校（如北京外国语大学、上海外国语大学、西安外国语大学、广东外语外贸大学等）在高年级开设了明确以“视译”为名称的课程。这些学校多数是外语类院校，而其他学校大多没有条件单独开设这门课程，只是在口译类课程中简单涉及了视译教学模块，占用课时不一，不能涵盖口译人才培养中这个相当重要的环节。在理工科院校中，能够开设视译课程的寥寥无几，而涵盖科技内容的视译课程更是凤毛麟角。

1.2 视译：定义与定位

根据统计，国际会议中有高达90%左右的发言者都按照发言提纲或发言稿进行演讲（曹建新，2000）。在这些场合，除去即时无稿演讲或发言必需的同声传译服务外，视译服务往往占据较大比例。视译译员通常参照手中的讲话人发言稿或其他文字材料，结合视听内容进行传译，这种工作方式较为接近同声传译，因此也常常被称为“带稿同传”（詹成，2012）。有时会要求译员在几乎无所准备的情况下，跟着发言人的速度，将原文稿件用另一种语言译出，因此视译也可称作“视稿翻译”（秦亚青，1987）。

根据 Gile（2001）与 Lambert（2004：298）的界定，视译是口头翻译书面文本，是口译与笔译的结合，是笔译的具体形式，同时也是口译的变体。Pöchhacker（2004）将其定位为同声传译阶段前的一种训练手段，或者作为同声传译学习前的水平测试项目。

视译与口笔译均有所区别（见表 1-1）。与笔译类似之处在于，视译译员可以参考发言人原稿或电子展示文稿（如 PPT）等形式的文本，讲稿语言较为书面化，而译员受原稿文字限制，也需要使用相应的翻译技巧对译文进行加工。但受限于翻译方式及时间，视译时译员不可能像笔译一样逐字推敲（詹成，2012）。

视译又与普通口译有所不同。以同声传译为例，同传完全依靠听力获取信息，信息获取过程较为被动，而视译则有文本可依，译员可主动获取信息。同传过程中，信息完全来源于听力，译员精力可以集中于一处，而视译则需要边听边看，并将听得的信息与看到的信息加以对比处理。

表 1-1　翻译的形式及对应名称

形　式	名　称
书面→书面	笔译
口头→口头	口译
书面→口头	视译

因此，与笔译（书面之间）和口译（口头之间）的同质信息转换不同，视译是一种特殊的翻译形式，是符际之间的信息转换（inter-semiotic information transfer，Jacobson，2000：114），其训练能有效培养并提高学生快速接受视觉信息、进行大脑分析和口头表达的综合协调能力，对口译学习有较大的促进作用，在口译教学中具有独特的地位。

在此方面，西方已经取得较为丰硕和相对系统化的研究成果（如Dillinger，1989；Gran & Dodds，1989；Lambert & Moser-Mercer，1994；Gile，1995；Pöchhacker & Shlesinger，2002；Pöchhacker，2004；Stansfield，2008；Dragsted & Hansen，2009）。他们认为，视译作为一种独特的翻译方式，不仅仅是同声传译训练的踏脚石，还应作为一项专门的翻译活动进行系统培训，应将视译融入口译课程之中，充分发挥视译在同声传译及交替传译教学中的作用。因此，国际知名翻译培训院校和语言服务机构，如蒙特雷高级翻译学院、巴黎高等翻译学院、联合国口译司等，均开设有视译类课程或培训环节。

与国外较为系统和成熟的视译课程教学及研究相比，国内在此方面的教学和学术研究成果还相对有限。首先，开设此类课程的院校不多；其次，根据中国知网（CNKI）学术期刊网络出版物总库进行的检索，自1979年至2018年近40年间，CSSCI来源期刊以“视译课程教学”为主题的学术论文只有不到20篇（如万宏瑜，2004，2013；项霞、郑冰寒，2011），专著或教材只有几部（如秦亚青、何群，2009；陈菁、肖晓燕，2011；王炎强、冯超、何刚强，2012），说明这个领域的研究空间依然很大。

近年来，国内学界逐渐加强了对视译的实证研究和认知角度的研究，同时也有若干其他角度的视译研究。

认知角度的研究，如刘进、许庆美（2017），他们借鉴认知心理学相关理论和研究成果，探讨了视译的认知加工模式，对其心理加工过程进行客观描述，从而考察视译这一特殊翻译模式的本质、特征、机制和规律。而鉴于眼动技术能够客观科学地记录语言加工活动中的认知负荷，将其引入视译研究，有助于从心理认知角度揭示视译的认知过程，这也是国内外翻译研究的一个重要方面。王建华（2014）通过认知实验的方法，根据反应时、理解准确性和信息量三个维度的评定标准，对视译过程中不同文体文本的信息加工提出了相应的摘要模式。他发现记叙文体视译的最优信息提取模式为“题目＋高频词”，说明文体视译的最优信息提取模式为“首句＋高频词”，这为视译译员的高效口译提供了科学的认知指导。而马星城（2017）对国内外利用眼动跟踪技术对视译过程中的认知负荷、阅读模式、源语干扰、翻译策略和翻译错误等进行评价，找到现有研究存在的问题，认为需要加强眼动技术和其他技术的结合，推动多媒体情境下视译的过程研究，这将是未来视译领域理论研究的一个方向。

实证方面的研究，如项霞、郑冰寒（2015），他们通过实证研究考察背景信息对隐喻视译质量的影响。研究表明，视译前背景信息的获取一方面能缩短隐喻处理时间，减少有声停顿和无声停顿，提高译语表达的“流利度”；另一方面能有效降低隐喻理解与表达的难度，提高译文的“忠实度”和“准确度”。

程昕（2016）研究了科技内容汉英视译。他根据 Cummins 的认知学术语言能力理论（CALP）和公有潜在能力模型（CUP），即两种语言“共有基础”理论，分析了将数理化表达式视译成英语的困难及其原因。他还解读了表达式各元素之间的形式、结构、逻辑关系和语义信息，提出“顺句驱动直译”数学公式、“顺读”和“读名”化学表达式、“顺读解释”物理公式的视译策略。

潘桂林（2014）对汉英视译的研究认为，在翻译练习中有意识地应用“阅读 + 处理 + 编码 + 储存 + 输出”的视译法策略，通过输入多种规范用语的信息，利用同一逻辑把记忆储存的中式英语修正或替换，建立大量的口译套语模式与规范表述习惯，有利于在翻译过程中输出规范用语，杜绝中式英语的产生，快速提高口译中双语语言应用能力。

较为综合且对未来视译研究有一定指导意义的分析，如邓玮（2017），他基于中国知网（CNKI）的文献，对 1987—2016 年 30 年间国内的视译研究进行了分析，主要从总体趋势、研究方法和研究主题三方面进行。他对 156 篇视译研究论文的研究发现：（1）视译本体研究历史最长，成果数量最多；其余研究主题按数量多寡降序排列依次为：视译教学研究、视译技能与其他技能的关联研究考察、视译认知研究；（2）国内视译研究从 2010 年以来数量明显增加，在质量方面还有较大的提升空间；（3）非实证研究比例较高，实证研究使用的研究方法比较单一，缺乏三角论证，实验研究效度有待进一步提高。

上述这些对视译的研究和分析，是对国内外已有研究的进一步发展，对未来的视译理论或实证性研究以及这些研究的教学和实践应用，都有丰富的借鉴意义。

以下将对国内视译课程的教学实践性研究成果和已经出版的课程相关教材进行简要评析，并根据笔者自身的课程建设经验，给出关于该课程的思考，希望能够推动我国视译课程的建设及相关研究，同时提出课程所使用教材的建设及设计思路。

1.3 国内视译课程教学及研究回顾

对这个方面的研究首先探讨视译与口译教学的互动。由于视译可以提高译员听译水平、加强记忆能力及信息整合能力，辅助口译教学，人们都认可视译训练在口译教学、交替传译和同声传译教学中的重要作用，提出将视译训练纳入口译、交传乃至同传的教学之中（杨艳君，2010；宋维，2013）。比如可以将视译与影子练习、倒数练习、源语概述、电视同传及网络同传等视为同声传译训练中不可或缺的自我练习方法（张吉良，2004；李箭，2005）。

国内外一些关于视译教学的实证研究，如记忆实验、教学实验、老手与新手译员的决策过程实验及隐喻理解与表达实验，都说明了视译对提高口译能力的重要促进作用。例如，王建华（2009a，2009b）展示了视译摘要式记忆实验成果，得出了“题目 + 首句 + 关键词”是最佳的摘要式视译记忆模式，可以运用于译员的口译和视译实践之中。刘进（2011）的实验结果表明视译训练可以提高学生的信息提取和重组能力，为提高学生的交传技能打下坚实的基础。杨承淑、邓敏君（2011）对比老手及新手译员在口译过程中的停顿位置、切分位置、纠错与修补及衔接方式等话语标志，发现老手与新手译员最大的差异在于犯错之后有不同水平的监控与修补手法。项霞与郑冰寒（2011）的研究说明隐喻很大程度上增加了视译难度，而掌握背景知识有助于降低含有隐喻的视译的难度。万宏瑜（2013）通过建立小型视译练习语料库，对学生各阶段的练习语料进行形成性评估。教师给予学生各种形式的反馈，让学生了解问题所在和应该努力的方向，教师也得以及时调整教学方案，提高教学绩效，从而提高口译教学质量。

对于任何课程来说，课程设置本身显然是个重要问题，但包含上述研究在内的已有研究基本都是就视译的某个具体问题进行探讨，没有涉及整体课程建设。现有的几部视译相关教材，也较少论及这个话题。比较值得注意的是詹成（2012）所提出的视译教学、步骤及内容，对同类课程教学有一定的借鉴意义。

上述回顾说明，近年来国内学界逐渐认识到视译在口笔译能力训练中的独特地位，开始重视其教学及相关研究，但因为种种原因，视译课程在国内院校中的普及度并不高，大多数院校还没有充分利用这门课程及课程建设进一步推动受训学员在技能方面的实质性提高，对课程系统化建设的讨论仍需进一步深入。

1.4 现有教材建设回顾

目前市场上主要有三部以“视译”为名的教材，以出版时间先后为序，分别是秦亚青和何群主编的《英汉视译》（2009）、王炎强、冯超和何刚强主编的《视译基础》（2012）及陈菁和肖晓燕主编的《视译》（2011）。其他涉及交替传译和同声传译的教材中或多或少地谈到了视译环节（如林超伦 2012 年出版的《实战同传》），但均未展开讲解。在现有的三部教材中，秦亚青和何群（2009）介绍了视译的基本技能，如语序和单位以及单位之间的衔接技巧，然后就是对句子层面及短语或词汇层面上的技能训练，如定语、同位语、状语、句子成分转换、被动语态、形容词和副词比较级、it 句式、there be 句式和长句的视译。王炎强、冯超和何刚强（2012）简单介绍了视译的基本技巧，如英汉语言差异与视译、英汉视译技巧、汉英视译技巧等，然后重点讲解了非常基础的技能训练，最后则是带稿同传的一些练习。而陈菁和肖晓燕（2011）首先介绍了视译的定义和特点、运用和能力要求，然后介绍了视译的基本方法和质量评估，随后是视译技能部分，主要讲解了理解层面的宏观阅读和技能训练（如扩展视幅训练）、微观阅读、快速阅读、视译分析、视译表达等。

纵观现有视译方面的三部主要教材，各有特色，均能满足视译教学的一般需要，但也有一定的不足之处。它们的一个共性是均基于实践且已经出版了一段时间，未能充分反映视译理论研究的较新成果及其在教学实践和视译实战上的应用，理论和实践的结合程度不够；另一个共性是教材中对中国话题的重视不够，不能及时让学习者和教师掌握较新的学习素材；第三个共性是没有体现科技内容在社会需求和视译实践中的真实分量与地位。

1.5 结语

在综合考察了视译的课程设置、理论研究、实际教学、教材现状后，依据自身课程建设的经验，我们认为应因地制宜，编写一部以中国话题为主，强调科技内容的教材，供视译类课程参考使用，也可作为口译基础课的后期内容或交传课的辅助内容，供口笔译学习者和爱好者训练使用，提高他们在口笔译较高层次上的水平。[①]

① 本章部分内容来源于作者发表于《中国翻译》（2014 年 3 期）的文章，原文题目为“视译课程教学思考”。

第二章　视译课程教学思考

基于多年教学实践的思路和做法，并借鉴其他高校相关课程的授课经验，本章对翻译专业本科三年级视译课程教学提出一些反思与建议。

2.1 基本理论和技巧讲解模块

通过基本理论和技巧讲解，学生可以初步了解视译中的常见困难及解决方法，包括视译与口笔译的基本区别与互动、快速阅读、意义单位确定（三四个词或更长为一单位）、顺句（或顺序）驱动、逻辑衔接、信息弥补、语速控制（以能平稳呼吸为主）等，以教师讲授示范为主，学生练习与教师讲解评价为辅。比如在讲解顺句驱动环节时，还应提醒学生中英文之间的一些重要差异，如时间状语的位置及其处理。

意义单位（semantic unit）是构成一个比较完整信息的基本单位，是任何形式的翻译中都必须清楚的一个重要概念，务必反复强调并配合大量练习。在视译中，意义单位一般需要满足相对独立、一目可及、与前后单位衔接灵活等三个基本条件（秦亚青、何群，2009：26）。下面表 2-1 至表 2-3 中各个意义单位清楚地满足了这些条件。

虽然提倡顺句（或顺序）驱动，但因为视译属于口头表达，有一定自由松散度，允许译者对句序进行一定程度的调整并补充信息。相对于笔译，视译对句序的调整自由度显然又不够大。因此，顺句（或顺序）驱动是一条主要原则，轻易无须改变。

2.2 课前、课中和课后的教学组织

课程前期，教师可以将授课资料提前发给学生进行课下准备，学生可根据课上所讲授的基本理论和技巧进行自我训练，教师课上检查，及时评价学生表现并作示范。课程中期，授课内容即时展示，但允许学生有短暂时间阅读，教师及时评价学生表现。课程后期，授课内容仍然是即时展示，但基本不允许学生准备，教师及时评价学生表现。需要指出的是，这些资料都没有现成译文，学生在课前课后都要进一步思考，意在增加训练量。

课程前期采用相对简单的材料，如表 2–1。教师授课时首先划分意义单位（如本片段的 1—10），然后讲解顺句驱动原则，并解释中英文之间的主要不同（如时间状语位置的调整，参见第 1 个意义单位中的“周日”和第 5 个意义单位中的“经过 12 个多小时的飞行”）。

表 2–1　课程前期材料示例

意义单位	英　文	中　文
1	Two giant pandas arrived in Belgium on a 15-year loan on Sunday,	周日，两只租借期为 15 年的大熊猫抵达比利时。
2	and they got the kind of welcome	它们受到的欢迎，
3	usually reserved for visiting dignitaries or celebrities.	平时只有来访的名流才能得到。
4	The male and female pair, Xing Hui and Hao Hao,	大熊猫一雄一雌，名叫星辉和好好。
5	showed no signs of stress from a journey of more than 12 hours	经过 12 个多小时的飞行，它们没有任何疲倦症状，
6	as their transparent boxes were unloaded at Brussels Airport	当载着它们的透明箱在布鲁塞尔机场卸下时，

（续表）

意义单位	英　文	中　文
7	to cheers from school children.	迎接它们的是学生们的一片欢呼。
8	The pandas will live at Pairi Daiza,	这对大熊猫将在比利时天堂动物园居住，
9	a wildlife park	该野生动物园
10	about 50 km (30 miles) southwest of Brussels.	位于布鲁塞尔西南大约50公里（也即30英里）处。

课程中期采用的材料可以在话题和内容方面适当增加难度，如表2-2。同样，根据意义单位的划分、顺句（或顺序）驱动原则、时间状语的处理方法（如第1个意义单位中的“周日”）以及意义单位之间的逻辑性或连接性信息的补充（如第3个意义单位中的主语“他们”）等手段，本片段各个意义单位可以视译为对应的中文部分。

表2-2　课程中期材料示例

意义单位	英　文	中　文
1	The US officials insisted on Sunday	周日，美国多位官员坚持认为
2	that Ukraine should remain unified	乌克兰应该保持统一，
3	and cautioned	并且他们警告，
4	that any military intervention by Russia would be a mistake	任何来自俄罗斯的军事干涉都将是错误的。

（续表）

意义单位	英　文	中　文
5	after bloody street protests ousted the pro-Moscow president.	之前发生的街头流血抗议已经赶走了亲俄罗斯的总统。

课程中后期，适当加入具有一定特色的内容，如科技方面的文本（表 2-3）。同样，根据意义单位的划分、顺句（或顺序）驱动原则、定语从句和其他从句性质成分的处理方法（单独短句，如第 10 个意义单位是一个定语从句，可断句处理并补充其主语“该透镜”）以及意义单位之间的连接性信息补充（如第 7 个意义单位的主语“其”）等手段，本片段各个意义单位可以视译为对应的中文部分。

表 2-3　课程中后期材料示例

意义单位	英　文	中　文
1	For the first time,	第一次，
2	astronomers have directly measured	天文学家已经直接测量出
3	how fast a black hole spins,	黑洞的旋转速度，
4	clocking its rotation at nearly half the speed of light.	测算出其旋转速度接近一半光速。
5	The distant supermassive black hole	遥远的超大黑洞
6	would ordinarily be too faint to measure,	通常因光线太弱而难以测量，
7	but a rare lineup with a massive elliptical galaxy	但其一次罕见的与巨型椭圆星系的排列

（续表）

意义单位	英　文	中　文
8	created a natural telescope	生成了一个天然望远镜，
9	known as a gravitational lens	也称为引力透镜，
10	that allowed scientists to study the faraway object.	该透镜使科学家能够研究遥远的天体。

表 2–1 至表 2–3 的视译演示同时充分说明，在其他辅助手段的帮助下，意义单位可以基本保证视译的正常顺序推进，这种方法应贯穿课程教学和自我训练始终。

在教学过程中，教师应逐渐引导学生熟悉其他技巧，如状语短语或从句的位置可以基本与原文保持一致（如表 2–2 第 5 个意义单位），但时间状语可以提前（如表 2–1 和表 2–2 第 1 个意义单位中的“周日”）；介词短语可以视译为动宾结构或独立句子等（如表 2–3 第 4 个意义单位中的“接近一半光速”）；插入语和破折号引导的部分等作为独立的意义单位，可独立成句。

2.3 文本选择与展示

如前所示，在课程前期，一般建议选择新闻时事类文本，学生比较熟悉这类题材，不至于对话题完全陌生，以此培养学生的信心和基本能力与技巧。在课程中期和课程后期，可以根据所在学校特色，适当加入一些特色性内容，如科技、医学、技术方面的新闻或专业论文类文本等。展示文本时，既可以用 PowerPoint 幻灯片播放，也可以用 Word 文本格式或其他形式翻页，尽可能模拟真实国际会议或交流中讲话者进行内容展示的场景，以增强即时性和真实性。

2.4 联合授课

根据所在学校具备的资源，适当在课程内外的训练中加入高质量的汉英视译内容，如本书中汉英视译部分的源语文本来自新华网等媒体网站以及外交部、商务部等政府机构官网等。在条件允许的环节可以由母语为英语且熟练掌握中文的外籍教师协助备课、授课并与学生互动。

2.5 教学设备

教学设备可以因地制宜，既可以使用同传实验室，也可利用传统的多媒体教室。前者具备同步录音录像的优势，可以回放，以对视译质量进行评价。后者简单易行，适合暂时不具备相关软硬件条件的学校采用。

这些内容安排和课程组织形式，经过近年来的摸索和实践，因其对培养翻译综合能力具有明显的有效性，逐步受到了学生的欢迎，学生普遍认可开设这门课程的必要性。

2.6 结语

目前，口译类课程已在众多高校翻译专业或英语专业中开设，但视译课程还比较少见。鉴于其对翻译能力培养的重要作用，有必要加强这方面的课程建设。

视译是一项复杂的思维活动，牵涉到多个方面。除了较为扎实的双语基本功之外，注意力的分配、意义单位的划分、信息的转换和表达、前面丢失信息的及时弥补、特定文体的专业表现形式等，都是视译是否成功的关键。这些都需要在教学过程中进行大量的实践练习与讲解，反复训练，学生方能逐步掌握，形成比较系统的感性认识。

在视译教学中，还应注意涉及视译的认知过程，尤其是符际信息转换过程中，视译如何提高了学员接受视觉信息、进行大脑分析和口头表达的全方位协调能力。目前实证性的视译教学研究较少，仍缺乏大量的数据和分析来支撑并促进视译的教学。各门翻译课程之间和各个语言技能模块之间的互动也值得进一步研究。因此，如何在教学实践感性认识的基础上，进行理性探讨以回馈教学，仍需进一步研究。

基于上述对视译教学与课程建设经验的回顾，笔者认为，对视译的定位应该引起重视，即视译不仅仅是同传与交传的踏脚石，更应将其作为一项独立复杂的口译活动进行专门化教学。但目前已有的教学探讨不多，其研究亦未见与具体方向的明显结合，不利于培养专门领域的视译人才并促进他们翻译能力的提高。因此，将来可以展开更多诸如医学视译、导游视译、法庭视译、商务视译等的教学研究。考虑到多年来跨语言科技交流对口译（视译）需求的逐年增加及其在口译（视译）实际需求中所占的较高比重，可以建议将视译教学研究进一步扩展至科技视译领域，以多维视角进行探讨。

与西方相比，我国的视译教学及其研究均起步较晚，相关理论研究和实证研究都略显不足，在翻译专业本科、硕士层面的教学也还有待人们进一步加强认识。随着全国范围内翻译专业的建设和发展，视译在翻译能力培养中的重要性日渐为人们所了解，越来越多的高校开设视译课程，国内对视译教学的研究也开始走上正规化和系统化之路，希望将来会有更多的教学研究成果出现，达到研究与应用的有机结合与良好互动，实现共同发展，促进高质量翻译人才的培养。

翻译专业教指委文件中屡次强调，应根据各高校特色，培养具有专业背景的翻译人才。在教材建设方面，应兼顾各个学校翻译专业人才培养特色需要，适当加强具有专业特色的教材编写和出版。正是考虑到这些因素，本书计划在各个章节中，在基础阶段以较为常见、容易处理的一般文本为处理对象，在后期逐渐增加具有专业特色的内容，以适应理工科大学翻译专业建设的需要，更好地培养能够处理科技内容的视译人才，以适应目前占较高比重的国际科技交流需求。①

---

① 本章部分内容来源于作者发表于《中国翻译》（2014年3期）的文章，原文题目为“视译课程教学思考”。

第三章　社会问题

社会问题关系到每一个人的福祉。无论是关乎自己的个人利益，还是关乎社会安全，我们都应当关心和关注社会问题。社会问题的成因、动态、影响、相关政策等，也是各国政府、国际组织、非政府组织等的重要关切。

3.1 背景知识

本章主要涉及的社会问题包括妇女问题、房地产、社会安全等。下面分别对其进行简述，并给出一些关键词的中英文对照表。

3.1.1　妇女权益和女权运动

妇女权益指妇女在政治、经济、文化、社会、家庭等领域享有与男子同等权利，妇女儿童的特殊利益应受到保障的原则，作为国家维护和保障基本人权的一个重要组成部分，越来越受到政府和社会的关注。中国政府十分重视妇女的发展与进步，把男女平等作为促进国家社会发展的一项基本国策。在制定国家宏观政策时，遵循男女平等参与、共同发展、共同受益的原则，为妇女进步与发展提供了坚强的政治保证和法律保障。1992 年 4 月 3 日第七届全国人民代表大会第五次会议上，《中华人民共和国妇女权益保障法》获得通过，自 1992 年 10 月 1 日起施行。

女权运动（feminist movement），或称妇女解放运动（women's liberation）、女性运动，即反对歧视女性，使女性获得应有的社会地位和权利，实现两性权利完全平等的一项社会目标或社会运动。其目的是为妇女争取平等权利，使她们具有与男子同等的地位，并能按自己的意愿选择职业和生活方式。

3.1.2 房地产

房地产是一个较为复杂的综合概念，从实物现象看，它由建筑物与土地共同构成。土地可以分为未开发的土地和已开发的土地，建筑物依附土地而存在，与土地结合在一起。建筑物是指人工建筑而成的产物，包括房屋和构筑物两大类。

由于房地产的一些固有属性，比如位置的固定性和不可移动性、使用的长期性、影响因素多样性、价值营利性、保值增值性、行业相关性，使得购买房地产成为一种重要的投资方式，甚至是投机方式。

房地产还有一个属性，就是易受政策影响，政府对房地产的调控政策会对房地产市场造成一定的影响。我国主要通过征收土地增值税、设立房产税以及建设保障性安居工程等方式对房地产市场进行调控。

（1）土地增值税

根据《中华人民共和国土地增值税暂行条例》，土地增值税的征收目的是规范土地、房地产市场交易秩序，合理调节土地增值收益，维护国家权益。纳税义务人是转让国有土地使用权、地上的建筑物及其附着物（简称转让房地产）并取得收入的单位和个人。纳税人转让房地产所取得的增值额为纳税人转让房地产后取得的收入（包括货币收入、实物收入和其他收入）减除以下项目金额之后的金额，包括取得土地使用权所支付的金额，开发土地的成本、费用，新建房及配套设施的成本费用，或者旧房及建筑物的评估价格、与转让房地产有关的税金，以及财政部规定的其他扣除项目。目前土地增值税实行四级超率累进税率。

（2）房产税

房产税是以房屋为征税对象，按房屋的计税余值或租金收入为计税依据，向产权所有人征收的一种财产税。目前的《中华人民共和国房产税暂行条例》于 1986 年 9 月 15 日由国务院发布，自 1986 年 10 月 1 日起施行，根据 2011 年 1 月 8 日《国务院关于废止和修改部分行政法规的决定》修订。

（3）保障性安居工程

保障性安居工程包括三类：第一类是保障性住房建设，包括廉租住房、经济适用住房、公共租赁住房、限价商品住房；第二类是棚户区改造，包括城市棚户区、国有工矿棚户区、林区棚户区、垦区棚户区和煤矿棚户区；第三类是农村危房改造和游牧民定居工程。

3.1.3　社会安全

通常讲的安全威胁包括两类：一类是传统安全威胁，主要体现在国家之间的军事、政治、外交方面的冲突；另一类是非传统安全威胁，如本节主要涉及的恐怖主义、信息和网络安全等。

（1）恐怖主义

对于“恐怖主义”一词，国际上并没有一致的定义。在我国，根据《中华人民共和国反恐怖主义法》，恐怖主义指的是“通过暴力、破坏、恐吓等手段，制造社会恐慌、危害公共安全、侵犯人身财产，或者胁迫国家机关、国际组织，以实现其政治、意识形态等目的的主张和行为”。

（2）网络安全

网络安全是指网络系统的硬件、软件及其系统中的数据受到保护，不因偶然的或者恶意的原因而遭到破坏、更改、泄露，系统连续可靠正常地运行，网络服务不中断，其主要特性包括保密性、完整性、可用性、可控性和可审查性。

由于不同的环境和应用，网络安全可以分为以下几种类型：系统安全（运行系统的安全，即保证信息处理和传输系统的安全）、网络安全（网络上系统信息的安全）、信息传播安全（网络上信息传播的安全，即信息传播后果的安全，包括信息过滤等）、信息内容安全（网络上信息内容的安全）。

（3）国际反病毒大会

国际反病毒大会（International Anti-Virus Conference，IAVC）由公安部主办，开始于2016年，目前已经举办两届（2016年与2017年）。2016年大会

以“安全、共维、创新、共享”为主题，同时设立分论坛，重点围绕反病毒技术、云安全、移动APP治理、APT攻击、网络威胁治理等信息网络安全前沿技术和热点问题进行研讨。2017年大会在《中华人民共和国网络安全法》正式实施的大背景下举行，以“万物互联背景下反病毒的新挑战”为主题，旨在积极推进技术革新，阐明我国在网络安全、移动安全和反病毒领域的工作主张。

3.1.4 相关术语举例

中　文	英　文
保障性住房	indemnificatory housing
反病毒	anti-virus
房产税	property tax; real estate tax
房地产	property; real estate
国际反病毒大会	International Anti-Virus Conference (IAVC)
环比	month-on-month
经济适用房	economically affordable housing
恐怖袭击	terrorist attack
妇女地位委员会	Commission on the Status of Women
妇女解放运动	women's liberation
妇女权益	women's rights and interests
妇女问题世界会议/世界妇女大会	World Conference on Women
国家统计局	National Bureau of Statistics of China
联合国大会	General Assembly of the United Nations
联合国妇女十年	United Nations Decade for Women
联合国经济及社会理事会	United Nations Economic and Social Council (ECOSOC)

（续表）

中　文	英　文
《联合国宪章》	Charter of the United Nations; the United Nations Charter
廉租房	low-rent housing
女权运动	feminist movement
棚户区改造	renovation of shanty towns
商品房	commercial residential building
《世界人权宣言》	Universal Declaration of Human Rights
土地增值税	land appreciation tax
同比	year-on-year
网络安全	cyber security
《消除对妇女一切形式歧视公约》	Convention on the Elimination of All Forms of Discrimination Against Women (CEDAW)
性别歧视	gender discrimination
移动安全	mobile security
限价房	price-fixed housing
衍生物	derivatives

3.2 视译实战讲解

本部分将讲解视译手段在实践中的具体应用。根据视译时遇到的不同原文情况，讲解基本以句子为单位，句内视译时一般应遵循以下策略：

以意群为单位、顺序驱动、目光所及、必要时重复、必要时补充信息、必要时断句（如定语从句、状语从句、插入语等）并提供相关主要信息、根据目标语表达习惯适当调整句内顺序、必要时进行英制与公制单位的互换、汉英视译时根据中文情况在英文中适当使用各类从句，等等。由于本部分选择的多为新闻类文本，根据新闻发生的时间确定时态，汉英翻译时，主导时态可以用一般过去时，也可以用一般现在时。

在进行视译实践讲解时，句子内部的意群以“//”为划分符号，中英文意群做到基本对应，同时不排除在目光所及范围内，适当在目标语中合并或拆分处理原文的意群（如多个并列成分）。

译者可灵活使用上述策略，不必严格受限。

3.2.1 英汉视译讲解

英 文	中 文
The United Nations and Women	**联合国与妇女** **讲解：顺序驱动为主，以意群为单位。**
UN support for the rights of women // began with the Organization's founding Charter.	联合国对妇女权利的支持 // 始于《联合国宪章》。 **讲解：顺序驱动为主，以意群为单位。**
Among the purposes of the UN // declared in Article 1 // of its Charter // is "To achieve international cooperation... // in promoting and encouraging respect // for human rights // and for fundamental freedoms for all // without distinction as to // race, sex, language, or religion."	在联合国的各项宗旨中，// 即《联合国宪章》中的第一条就宣告，// 其中之一即是，//“促成国际合作…… // 增进并激励 // 对于全体人类之人权 // 之尊重，// 及对基本自由之尊重，// 不分 // 种族、性别、语言或宗教。” **讲解：顺序驱动为主，以意群为单位。顺序驱动无法完全还原《联合国宪章》原句，此处提供原句供参考：“促成国际合作，……不分种族、性别、语言或宗教，增进并激励对于全体人类之人权及基本自由之尊重。”**

（续表）

英　文	中　文
Within the UN's first year, // the Economic and Social Council // established its Commission on the Status of Women, // as the principal global policy-making body // dedicated exclusively to // gender equality // and advancement of women.	联合国成立后的第一年，// 经济及社会理事会 // 设立了妇女地位委员会。// 该委员会是重要的全球性政策制定机构，// 专门致力于 // 性别平等 // 和提高妇女地位。 **讲解：顺序驱动为主，以意群为单位。后置修饰语较长时适当断句并补充主语信息（该委员会）。**
Among its earliest accomplishments // was ensuring gender neutral language // in the draft Universal Declaration of Human Rights.	该机构最早的成果之一，// 是确保将性别中立的语言 // 用于《世界人权宣言》草案中。 **讲解：顺序驱动为主，以意群为单位。**
Women and Human Rights	**妇女与人权** **讲解：顺序驱动为主，以意群为单位。**
The landmark Declaration, // adopted by the General Assembly // on 10 December 1948, // reaffirms // that "All human beings are born free // and equal in dignity and rights" // and that "everyone is entitled to // all the rights and freedoms // set forth in this Declaration, // without distinction of any kind, // such as race, colour, sex, language, religion... // birth or other status."	具有里程碑意义的《世界人权宣言》，// 是联合国大会 // 于 1948 年 12 月 10 日通过的。// 该宣言重申 //"人人生而自由，// 在尊严和权利上一律平等"// 以及"人人有资格享有 // 本宣言所载的 // 一切权利和自由，// 不分种族、肤色、性别、语言、宗教……// 出生或其他身份等 // 任何区别。" **讲解：顺序驱动为主，以意群为单位。适当断句并补充主语信息（该宣言）。根据目光所及范围，适当将原英文中的并列成分进行拆分或合并处理。**

（续表）

英　文	中　文
As the international feminist movement // began to gain momentum // during the 1970s, // the General Assembly declared // 1975 as the International Women's Year // and organized the first World Conference on Women, // held in Mexico City.	随着国际女权运动 // 势头 // 在20世纪70年代开始加快，// 联大宣布 // 1975年为“国际妇女年”，// 并举办了第一次世界妇女大会，// 会议在墨西哥城举办。 **讲解：顺序驱动为主，以意群为单位。适当调整句内顺序，修饰语单独成句时注意补充主语信息（会议）。**
At the urging of the Conference, // it subsequently declared // the years 1976-1985 // as the UN Decade for Women, // and established a Voluntary Fund for Decade.	在该会议敦促下，// 联大后来宣布 // 1976年至1985年 // 为“联合国妇女十年”，// 并设立了“联合国妇女十年”自愿基金。 **讲解：顺序驱动为主，以意群为单位。**
In 1979, // the General Assembly adopted // the Convention on the Elimination // of All Forms of Discrimination Against Women (CEDAW), // which is often described // as an International Bill of Rights for Women.	1979年，// 联大通过了 //《消除对妇女一切形式歧视公约》，// 该公约经常被称为 //“国际妇女权利宪章”。 **讲解：顺序驱动为主，以意群为单位。遇到定语从句适当断句并补充主语信息（该公约）。**
In its 30 articles, // the Convention explicitly defines // discrimination against women // and sets up an agenda // for national action // to end such discrimination.	在《公约》的30项条款中，// 明确界定了 // 何为对妇女的歧视，// 并提出了一个议程，// 让各缔约国采取行动 // 消除这些歧视。 **讲解：顺序驱动为主，以意群为单位。**

（续表）

英　文	中　文
The Convention targets culture and tradition // as influential forces // shaping gender roles // and family relations, // and it is the first human rights treaty // to affirm the reproductive rights of women.	《公约》承认文化和传统的 // 影响力，// 能塑造性别角色 // 和家庭关系。// 它是第一个 // 确认妇女有生育权利的 // 人权条约。 **讲解：顺序驱动为主，以意群为单位。**
Five years // after the Mexico City conference, // a Second World Conference on Women // was held in Copenhagen in 1980.	墨西哥城世界妇女大会 // 结束五年后，// 第二次世界妇女大会 // 于 1980 年在哥本哈根举行。 **讲解：顺序驱动为主，以意群为单位。适当调整句内顺序，对 the Mexico City conference 的翻译，可根据上文补充会议信息，即“墨西哥城世界妇女大会”。**
The resulting Programme of Action // called for stronger national measures // to ensure women's ownership // and control of property, // as well as improvements in women's rights // with respect to inheritance, // child custody // and loss of nationality.	该会议通过的《行动纲领》，// 呼吁强化国家层面的措施，// 以保障妇女的财产所有权 // 和控制权，// 并改善妇女权利，// 即在继承、// 子女监护 // 和丧失国籍方面的权利。 **讲解：顺序驱动为主，以意群为单位。名词词组 stronger national measures 可译为动宾结构，即“强化国家层面的措施”。**

3.2.2 汉英视译讲解

中文	英文
10月 // 一二线城市 // 房价涨幅回落	**In October, // China's First and Second-Tier Cities // Witnessed Slower Housing Price Growth** **讲解：顺序驱动为主，以意群为单位。适当补充相关信息（China's）。**
四季度以来，// 随着热点城市 // 陆续出台楼市调控政策，// 全国整体房价 // 出现降温态势。	Since the beginning of the fourth quarter, // as several hot-spot cities // introduced their real estate regulations in succession, // the housing prices across the country // have shown a trend of slowing down. **讲解：顺序驱动为主，以意群为单位。由于本文发布日期为 11 月 19 日，所以"四季度以来"指的是"从四季度开始到撰稿日"，建议译为 since the beginning of the fourth quarter。**
18 日，// 国家统计局 // 公布的 // "2016 年 10 月份 // 70 个大中城市 // 住宅销售价格变动情况" // 显示，// 无论是环比还是同比，// 房价上涨的城市数量 // 开始减少。	On November 18, // the National Bureau of Statistics of China // released "Sales Prices of Residential Buildings // in 70 Medium and Large-Sized Cities // in October 2016". // The document shows // that whether it is on a month-on-month or a year-on-year basis, // the number of cities witnessing rises in housing price previously // starts to decrease. **讲解：顺序驱动为主，以意群为单位。根据本文发布日期（11 月 19 日），建议翻译"18 日"时补充月份。翻译文件名时适当将时间状语（2016 年 10 月份）和地点状语（70 个大中城市）置后。**
业内人士普遍认为，// 部分热点城市楼市 // 将告别过热状态。	Industry insiders generally believe // that the real estate market in some hot-spot cities // will stop being overheated. **讲解：顺序驱动为主，以意群为单位。**

（续表）

中　文	英　文
国家统计局城市司[①] // 高级统计师刘建伟 // 指出，// 10 月份 // 一二线城市 // 新建商品住宅价格 // 环比分别上涨 0.5% 和 1.3%，// 分别比 9 月份 // 回落 2.8 和 1.0 个百分点；// 二手住宅 // 价格环比涨幅 // 回落得则更为明显。	Liu Jianwei, a senior statistician // at the Organization of Urban Socio-Economic Survey of the National Bureau of Statistics // points out // that in October, // in first and second-tier cities, // prices of newly constructed commercial residential buildings // rose 0.5% and 1.3% respectively month-on-month, // and that the growth rate // decreased by 2.8 and 1.0 percentage points respectively // compared with September. // The month-on-month growth rate of prices // for the second-hand residential buildings // had an even more obvious drop. **讲解：顺序驱动为主，以意群为单位。**
刘建伟说，// 一线和热点二线城市 // 因地制宜、因城施策 // 实施调控政策以来，// 房价走势明显趋稳，// 三线城市 // 房价则较为稳定。	Liu says, // first-tier and hot-spot second-tier cities // have tailored relevant regulations to fit with their local features. // Since the implementation of these regulatory measures, // the housing prices have obviously begun to stabilize, // while in third-tier cities, // the prices have remained relatively stable. **讲解：顺序驱动为主，以意群为单位。适当断句并在必要时重复信息。**
从同比来看，// 70 城房价同比涨幅 // 仍在高歌猛进。	On a year-on-year basis, // the rises in housing price in the 70 cities // are accelerating. **讲解：顺序驱动为主，以意群为单位。**
也就是说，// 房价同比涨幅 // 超过两成的城市数量 // 占 70 个大中城市的 20%。	In other words, // the number of cities with a year-on-year rise of // over 20% in housing prices // accounts for 20% in the 70 medium and large-sized cities. **讲解：顺序驱动为主，以意群为单位。**

① “城市司”全称为“城市社会经济调查司”，此处英文译名来自国家统计局英文网站。

（续表）

中　文	英　文
易居智库研究中心 // 总监严跃进 // 认为，// 最近一个多月 // 各地调控政策 // 频繁升级，// 市场观望气氛正逐渐形成，// 各地楼市 // 预计将持续降温。	Yan Yuejin, research director // of the E-house China R&D Institute, // reckons // that over the past month, // several cities have witnessed a frequent upgrading // of housing prices regulations, // and people are taking a wait-and-see attitude // towards the housing market. // Therefore the housing price markets across the country // are expected to keep cooling down. **讲解：顺序驱动为主，以意群为单位。根据原文推断小句之间存在的隐藏因果关系，最后一小句是讲话者的结论，所以可适当断句并添加 therefore 将因果关系明晰化。**
中原地产研究员卢文曦 // 认为，// 整体来看，// 这一轮政策调控 // 力度非常大，// 全国整体房价 // 将告别明显快速上涨状态。	Lu Wenxi, researcher at Centaline Property, // holds the view // that generally speaking, // this round of regulatory measures // has powerful effects, // and the housing prices across the country // will stop rocketing so markedly. **讲解：顺序驱动为主，以意群为单位。**

3.3 视译实战演练

3.3.1 英汉视译练习一

Fears of Property Curbs // Hit China Stocks

An initial rally by Chinese stocks // over the weekend // was wiped out today // amid concerns // that some of the country's biggest cities // might introduce greater scrutiny // of real estate financing.

The Shanghai Composite Index // lost 0.7 pc on Monday, // falling to 2,957.82

points, // while the CSI300 index // of the largest companies on the Shanghai and Shenzhen stock exchanges // fell 0.9 pc // to 3,169.73.

The markets had risen // over the weekend // after profits at Chinese industrial company // rose at their fastest rate // in more than 18 months, // signaling that stimulus measures // for China's manufacturing sector // are beginning to take effect.

Data released yesterday showed // the end of seven months // of negative growth in industrial profits // in January and February, // with a 4.8 pc rise // marking the fastest growth // since July 2014.

However, // the resulting 1 pc gain for the markets // was reversed today // following media reports // that financial regulators in the eastern province of Zhejiang // had begun to closely scrutinize real estate financing, // apparently leading to fears // that some local authorities // would seek greater curbs // on real estate financing // to control booming property prices in big cities.

Last week, // Shanghai announced measures // to tighten approval criteria for non-resident homebuyers // and ban unregulated lending, // while Shenzhen, where new-home prices // have jumped 57 pc in a year, // also issued new measures // to stabilize the city's housing market, // including a down payment requirement at 40 pc // for some buyers // and limiting local residents // to the purchase of two homes.

It is thought // other large cities may follow suit // as prices in urban areas // begin to dramatically diverge // from those in rural parts of the country.

Shanghai's property index // dropped 1.8 pc on Monday, // making it the biggest loser among industry groups.

Developers across the country // were hit hard, // with Beijing Urban Construction Investment and Development // falling 6.34 pc // to 12.40 // and Nanjing Chixia Development // falling 5.27 pc // to 6.29 —// two of the biggest losers of the day.

Poly Real Estate Group // dropped 2.5 pc, // while China Merchants Shekou Industrial Zone // slipped 2.8 pc // and Greenland Holdings // fell 3 pc.

Elsewhere, // Japan's Nikkei 225 // gained 0.77 pc, // a two-week high, // while India's S&P BSE Sensex // was down 1.66 pc // and South Korea's KOSPI index // was down 0.06 pc.

3.3.2 英汉视译练习二

Opening Remarks at the 60th Session of the Commission on Narcotic Drugs (Excerpt)

In the context of // comprehensive and balanced efforts // to reduce the demand for drugs, // the outcome document gives attention to // prevention of drug use // and recovery-oriented treatment // as well as to measures // aimed at minimizing // the adverse public health and social consequences // of drug use, // including programmes // that rely on medication-assisted therapies // and the exchange of injection equipment.

In other words, // in the WHO terminology: // harm reduction.

The outcome document // further recognizes the huge problem // caused by // HIV, viral hepatitis, and other blood-borne infectious diseases // that can be transmitted by injecting drug use.

It also addresses // the medical needs of drug users, // including treatment with antiretroviral therapy // for people infected with HIV, // and the use of the newer therapeutic regimens // that can cure hepatitis C.

This is very important.

It makes a difference between life and death.

The outcome document // includes well-worded recommendations // to assist countries // in improving access // to controlled essential medicines // for use in patient care, // for example, // to relieve pain in cancer patients.

It shows a strong commitment // to help countries remove the many barriers, // ranging from legislation policies to prices, // which limit access // to controlled but essential medicines.

Taking the right actions // has become even more important // with recent World Health Assembly resolutions // on palliative care and epilepsy // that mandate improved access // to controlled medicines.

Ladies and gentlemen, // we must never forget // that the ultimate objective of drug control policies // is to save lives.

WHO estimates // that drug use is responsible for // around half a million deaths each year, // but this figure represents // only a small part of the harm // caused by the world drug problem.

In some ways, // the situation is getting worse, // not better.

Many countries are experiencing // a crisis of health emergencies // and deaths from drug overdoses.

Nearly everyone in this room // will know parents, // or will have read about parents, // who have a child with a drug problem.

These parents want their child in treatment, // not in jail.

It is good to see // so many items on your agenda // that address strategies for preventing drug use, // especially in youth.

As countries and international agencies // continue to grapple with // the world drug problem // in its many dimensions, // WHO urges // that policies be based // on the medical and scientific evidence, // and not on emotions or ideology.

Rest assured // that WHO will continue to work // on public health dimensions of the world drug problem // in collaboration with relevant UN agencies, // including UNODC and other partners, // and keep these efforts // high on the agenda // in forthcoming sessions // of our governing bodies.

3.3.3 汉英视译练习一

美国历史上的 // 三次女权主义浪潮

学界普遍认为，// 自美国女性政治觉醒 // 掀起女权主义运动之日起，// 美国历史上 // 共出现了三次女权主义浪潮，// 其时段与西方其他国家的女权主义浪潮 // 大体一致。

具体而言，// 第一次浪潮 // 始于 19 世纪 40 年代末，// 终于 20 世纪 20 年代；// 第二次浪潮 // 起于 20 世纪 60 年代，// 止于 20 世纪 80 年代末；// 第三次浪潮 // 发端于 20 世纪 90 年代初，// 持续至今。

尤其是 // 第三次浪潮，// 带有鲜明的 // 后结构主义 // 和后殖民主义理论色彩，// 旨在 // 对第二次女权主义浪潮的主流理论 // 作一定程度的 // 解构，// 并把关注重点移向 // 第二次女权主义浪潮 // 忽略或轻视的问题。

具体而言，// 它强调女性问题 // 涉及多种族、// 多族裔、// 多宗教信仰、// 多民族习俗、// 多元文化、// 多性取向、// 多元价值等各种问题；// 主张跳出 // 原有的女权主义思维框架，// 呼吁消除 // 社会性别角色和偏见等。

纵观美国历史上的 // 三次女权主义浪潮，// 我们可以明显地发现，// 这三次女权主义浪潮，// 在美国社会、政治、经济和文化等方面 // 留下了许多难以磨灭的印记。

它们不仅触动了 // 美国的法律和宪法，// 而且极大地改变了 // 美国人的生活观念和生活方式。

大到宏观性的 // 政治选举权 // 和参政权，// 小到微观性的 // 带薪在家照顾老人病人等。

凡涉及 // 女性权利和权益的问题，// 女权主义浪潮可以说是 // 无所不包、// 无所不争。

从这个意义上讲，// 美国女权主义者的事业 // 现在非但仍未终结，// 而且还任重而道远。

3.3.4 汉英视译练习二

2017 国际反病毒大会召开 // 全球专家热议 // 网络安全前沿技术

由公安部、// 中央网信办[②]、// 工信部、// 国家外专局、// 天津市政府 // 指导，// 天津市公安局、// 天津市外专局、// 天津经济技术开发区管委会 // 主办，// 国家计算机病毒应急处理中心、// 国家网络与信息安全信息通报中心 // 承办，// 微软公司、// 腾讯公司、// 百度公司、// 阿里公司、// 360 公司 // 和亚信公司 // 协办的 //"2017 国际反病毒大会" // 日前在津召开。

大会以"万物互联背景下反病毒的新挑战" // 为主题，// 旨在积极推进技术革新，// 阐明我国在网络安全、// 移动安全 // 和反病毒领域的 // 工作主张。

结合当前信息网络安全 // 和反病毒领域的 // 热点、难点，// 针对当前突出的网络安全问题 // 和产业发展新趋势，// 大会邀请 // 中国工程院院士 // 沈昌祥、倪光南 // 作大会报告，// 国际刑警组织代表克里斯多夫·杜兰、// 香港警务处代表陈鸿 // 等国内外知名专家、学者 // 作技术报告。

与会的 // 政府主管部门领导、// 国内外信息安全知名专家、// 信息安全企业负责人等，// 围绕反病毒技术、// 移动 APP 管控、// 网络威胁治理等 // 信息网络安全 // 前沿技术和发展趋势 // 进行了研讨。

---

② "中央网信办"即"中央网络安全和信息化领导小组办公室"，自 2018 年 3 月，根据中共中央印发的《深化党和国家机构改革方案》，改为"中共中央网络安全和信息化委员会办公室"（Office of the Central Cyberspace Affairs Commission）。

第四章 “一带一路”倡议

“一带一路”（the Belt and Road，缩写 B&R）是“丝绸之路经济带”和“21 世纪海上丝绸之路”的简称。2013 年 9 月和 10 月，中国国家主席习近平先后提出共建“丝绸之路经济带”和“21 世纪海上丝绸之路”的合作倡议。“一带一路”将充分依靠中国与有关国家既有的双多边机制，借助既有的、行之有效的区域合作平台，旨在借用古代丝绸之路的历史符号，高举和平发展的旗帜，积极发展与沿线国家的经济合作伙伴关系，共同打造政治互信、经济融合、文化包容的利益共同体、命运共同体和责任共同体。2015 年 3 月 28 日，国家发展改革委、外交部、商务部联合发布了《推动共建丝绸之路经济带和 21 世纪海上丝绸之路的愿景与行动》。

4.1 背景知识

本章涉及的背景知识主要包括：历史上的“一带一路”、新时代“一带一路”倡议、丝路基金、亚投行、中非合作论坛等。下面分别对其进行简述，并给出一些关键词的中英文对照表。

4.1.1 历史上的“一带一路”

丝绸之路（Silk Road）是起始于古代中国，连接亚洲、非洲和欧洲的古代陆上商业贸易路线，最初的作用是运输古代中国出产的丝绸、瓷器等商品，后来成为东方与西方在经济、政治、文化等诸多方面进行交流的主要道路。

1877 年，德国地质地理学家李希霍芬在其著作《中国》一书中，把“从公元前114年至公元127年间，中国与中亚、中国与印度间以丝绸贸易为媒介的这条西域交通道路”命名为“丝绸之路”，这一名词很快被学术界和大众所接受，并正式使用。其后，德国历史学家赫尔曼在20世纪初出版的《中国与叙利亚之间的古代丝绸之路》一书中，根据新发现的文物考古资料，进一步把丝绸之路延伸到地中海西岸和小亚细亚，确定了丝绸之路的基本内涵，即它是古代中国经过中亚通往南亚、西亚以及欧洲、北非的陆上贸易交往的通道。丝绸之路从运输方式上，主要分为陆上丝绸之路和海上丝绸之路。

陆上丝绸之路（Overland Silk Road），是指西汉（前202年—8年）汉武帝派张骞出使西域开辟的以首都长安（今西安）为起点，经凉州、酒泉、瓜州、敦煌、中亚国家、伊朗、伊拉克、叙利亚等而达地中海，以罗马为终点，全长6440公里的贸易通路。这条路被认为是联结亚欧大陆的古代东西方文明的交汇之路，而丝绸则是最具代表性的货物。

海上丝绸之路（Maritime Silk Road），是指古代中国与世界其他地区进行经济文化交流交往的海上通道，最早开辟也始于秦汉时期。它从广州、泉州、宁波、扬州等沿海城市出发，经南洋到阿拉伯海，甚至远达非洲东海岸。

随着时代发展，丝绸之路成为古代中国与西方所有政治经济文化往来通道的统称。除了“陆上丝绸之路”和“海上丝绸之路”，还有北向蒙古高原，再西行天山北麓进入中亚的“草原丝绸之路”（Grassland Silk Road）等。

4.1.2 新时代“一带一路”倡议

2013年9月和10月，中国国家主席习近平在出访中亚和东南亚国家期间，先后提出共建“丝绸之路经济带”和“21世纪海上丝绸之路”的重大倡议，得到国际社会的高度关注。“丝绸之路经济带”和“21世纪海上丝绸之路”简称“一带一路”。

（1）“一带一路”的五大方向

“一带一路”贯穿亚欧非大陆，一头是活跃的东亚经济圈，一头是发达的欧洲经济圈，中间广大腹地国家经济发展潜力巨大。丝绸之路经济带重点畅通中国经中亚、俄罗斯至欧洲（波罗的海）；中国经中亚、西亚至波斯湾、地中海；中国至东南亚、南亚、印度洋。21世纪海上丝绸之路重点方向是从中国沿海港口过南海到印度洋，延伸至欧洲；从中国沿海港口过南海到南太平洋。

（2）“一带一路”的英文译名

2015年9月21日，国家发展改革委会同外交部、商务部等部门对“一带一路”的英文译法进行了规范。

1）在对外公文中，统一将“丝绸之路经济带和21世纪海上丝绸之路”的英文全称译为 the Silk Road Economic Belt and the 21st-Century Maritime Silk Road，“一带一路”简称译为 the Belt and Road，英文缩写用 B&R。

2）“倡议”一词译为 initiative，且使用单数。不使用 strategy、project、program、agenda 等措辞。

3）考虑到“一带一路”倡议一词出现频率较高，在非正式场合，除首次出现时使用英文全称外，其简称译法可视情况灵活处理。除可使用 the Belt and Road Initiative 外，也可视情况使用 the land and maritime Silk Road initiative。其他译法不建议使用。

（3）“一带一路”的基本内涵

“一带一路”倡议自提出以来不断拓展合作区域与领域，尝试与探索新的合作模式，使自身得以丰富、发展与完善，但其初衷与原则却始终如一。

“一带一路”是开放性、包容性的区域合作倡议，而非排他性、封闭性的中国“小圈子”。这是“一带一路”区别于其他区域性经济倡议的一个突出特点。

“一带一路”是务实合作平台，而非中国的地缘政治工具，从一开始就具有平等性、和平性特征。

“一带一路”是共商共建共享的联动发展倡议，而非中国的对外援助计划。

“一带一路”是和现有机制的对接与互补，而非替代。

“一带一路”建设是促进人文交流的桥梁，而非触发文明冲突的引线。因此，“一带一路”建设就是要以文明交流超越文明隔阂、文明互鉴超越文明冲突、文明共存超越文明优越，为相关国家民众加强交流、增进理解搭起了新的桥梁，为不同文化和文明加强对话、交流互鉴织就了新的纽带，从而推动各国相互理解、相互尊重、相互信任。

（4）“一带一路”的国际意义

“一带一路”合作范围不断扩大，合作领域更为广阔。它不仅给参与各方带来了实实在在的合作红利，也为世界贡献了应对挑战、创造机遇、强化信心的智慧与力量。

“一带一路”为全球治理提供了新的路径与方向。

“一带一路”为新时期世界走向共赢提供了中国方案。

“一带一路”为全球均衡可持续发展增添了新动力，提供了新平台。联合国秘书长古特雷斯表示，“一带一路”倡议与《2030年可持续发展议程》都以可持续发展为目标，都试图提供机会、全球公共产品和双赢合作，都致力于深化国家和区域间的联系。他强调，为了让相关国家能够充分从增加联系产生的潜力中获益，加强“一带一路”倡议与《2030年可持续发展议程》的联系至关重要。就此而言，“一带一路”建设还有助于联合国《2030年可持续发展议程》的顺利实现。

4.1.3 六大经济走廊

“六廊六路多国多港”是共建“一带一路”的主体框架，为各国参与“一带一路”合作提供了清晰的导向和贸易路线。

其中，“六廊”即：新亚欧大陆桥（New Eurasian Land Bridge，NELB）；中蒙俄经济走廊（China-Mongolia-Russia Economic Corridor，CMREC）；中国－中亚－西亚经济走廊（China-Central Asia-West Asia Economic Corridor，CCWAEC）；中国－中南半岛经济走廊（China-Indo-China Peninsula Economic Corridor，CICPEC）；中巴经济走廊（China-Pakistan Economic Corridor，CPEC）；孟中印缅经济走廊（Bangladesh-China-India-Myanmar Economic Corridor，BCIMEC）。

4.1.4　中巴经济走廊

中巴经济走廊（China-Pakistan Economic Corridor，CPEC）是国务院总理李克强于2013年5月访问巴基斯坦时提出的。其初衷是加强中巴之间交通、能源、海洋等领域的交流与合作，加强两国互联互通，促进两国共同发展。2015年，中巴关系由战略合作伙伴关系升级为全天候战略合作伙伴关系。其中，以中巴经济走廊为引领，以瓜达尔港、能源、交通基础设施和产业合作为重点，形成“1+4”的经济合作布局。这是中巴开展务实合作，共同打造“命运共同体”的关键内容。

中巴经济走廊通过全方位、多领域的合作，有助于进一步密切和强化中巴全天候战略合作伙伴关系，它既是中国“一带一路”倡议的样板工程和旗舰项目，也为巴基斯坦的发展提供了重要机遇。当前，中巴经济走廊建设已经取得了阶段性成果，但同时仍然面临诸多风险与挑战。只有全面了解、充分评估、积极应对风险，才能推动走廊建设取得实质性成果。

4.1.5　丝路基金

2014年11月8日，习近平主席在加强互联互通伙伴关系对话会上宣布：中国将出资400亿美元成立丝路基金（Silk Road Fund）。这是中国推进“一带一路”建设的一项重要举措，是利用中国资金实力直接支持“一带一路”建设的具体体现，也是中国积极参与全球关于扩大基础设施投融资、促进世界经济可持续增长倡议的一个实际行动。2014年12月29日，丝路基金有限责任公司在北京注册成立并正式开始运行。

丝路基金是由外汇储备、中国投资有限责任公司、国家开发银行、中国进出口银行共同出资，依照《中华人民共和国公司法》，按照市场化、国际化、专业化原则设立的中长期开发投资基金，重点是在“一带一路”发展进程中寻找投资机会并提供相应的投融资服务。

作为单边金融机构，丝路基金完全由中国出资，初期设计规模为400亿美元，上不封顶，首期100亿美元资本金，来源于中国外汇储备以及中国进出口银行、中国投资有限责任公司、国家开发银行。其中，外储出资65亿美元，进出口银行、中投公司各出资 15 亿美元，国开行出资 5 亿美元。

丝路基金秉承“开放包容、互利共赢”的理念，重点致力于为“一带一路”框架内的经贸合作和双边多边互联互通提供投融资支持，与境内外企业、金融机构一道，促进中国与“一带一路”沿线国家和地区实现共同发展、共同繁荣。

4.1.6 亚洲基础设施投资银行

亚洲基础设施投资银行（Asian Infrastructure Investment Bank，简称“亚投行”，AIIB）是一个政府间性质的亚洲区域多边开发机构，重点支持基础设施建设，成立宗旨是为了促进亚洲区域的建设互联互通化和经济一体化进程，并加强中国及其他亚洲国家和地区之间的合作，是首个由中国倡议设立的多边金融机构。

2014 年 10 月 24 日，包括中国、印度、新加坡等在内的 21 个首批意向创始成员方的财长和授权代表在北京签约，共同决定成立投行。截至 2015 年 4 月 15 日，亚投行意向创始成员方确定为 57 个，其中亚洲国家 34 个、欧洲 18 个、非洲 2 个、美洲 1 个、大洋洲 2 个。2015 年 12 月 25 日，亚投行正式成立，总部设在北京。2016 年 1 月 16—18 日，亚投行开业仪式暨理事会和董事会成立大会在北京举行。

2018 年 6 月 26 日，亚投行理事会在此间举行的年会上宣布，已批准黎巴嫩作为意向成员加入，其成员总数增至 87 个。

亚投行的成立有利于加快推进亚洲基础设施建设和互联互通建设，有利于共同应对国际金融危机、经济转型升级和经济稳定增长，也有利于加速亚洲经济一体化进程。

4.1.7 中非合作论坛

为进一步加强中国与非洲国家在新形势下的友好合作，共同应对经济全球化挑战，谋求共同发展，在中非双方共同倡议下，中非合作论坛（Forum on China-Africa Cooperation，FOCAC）——北京 2000 年部长级会议于 2000 年 10

月10—12日在北京召开，中非合作论坛正式成立。其宗旨为平等磋商、增进了解、扩大共识、加强友谊、促进合作。其成员包括中国、与中国建交的53个非洲国家以及非洲联盟委员会。

随着中非合作不断拓展和深化，中非民间论坛、中非青年领导人论坛、中非部长级卫生合作发展研讨会、中非媒体合作论坛、中非减贫与发展会议、中非合作论坛—法律论坛、中非地方政府合作论坛、中非智库论坛、对非投资论坛等中非合作论坛分论坛陆续成立。

中非合作论坛部长级会议每3年举行一届。部长级会议召开前一年举行一次高官会议。

2018年第七届中非合作论坛北京峰会于9月3—4日在北京举行。本次峰会主题为“合作共赢，携手构建更加紧密的中非命运共同体”。

4.1.8　相关术语举例

中　文	英　文
包容、开放发展	inclusive and open development
博鳌亚洲论坛	Boao Forum for Asia (BFA)
大陆桥	land bridge
达沃斯世界经济论坛	Davos World Economic Forum
多边机制	multilateral mechanism
共赢方案	win-win solution
合作框架	cooperation framework
互联互通	inter-connectivity
零和游戏	zero-sum game
贸易保护主义	trade protectionism
排他性、封闭性发展	exclusive and closed development
全球化	globalization
人类命运共同体	a community of a shared future for mankind

（续表）

中　文	英　文
人员交流	people-to-people exchange
协调发展	coordinated development
“一带一路”倡议	the Belt and Road Initiative; the B&R Initiative
“一带一路”国际合作高峰论坛	the Belt and Road Forum for International Cooperation
中国方案	Chinese solution; Chinese approach; Chinese way
自由贸易区	free trade zone

4.2 视译实战讲解

4.2.1 英汉视译讲解

英　文	中　文
Xi Opens China Globalization Forum // with $78 Billion Pledge	**习近平开启中国全球化论坛，// 承诺投资 780 亿美元** **讲解：顺序驱动为主，以意群为单位。**
President Xi Jinping laid the framework // for Chinese-style globalization // and his ambition to lead it // during a speech // inaugurating his cornerstone // diplomatic trade initiative // for a new Silk Road.	习近平主席给出框架，// 为中国式全球化 // 和中国有志引领该进程 // 而进行规划。// 他在启动其里程碑式 // 对外贸易倡议的演讲中 // 作此表示，// 该倡议即是建设新的丝绸之路。 **讲解：顺序驱动为主，以意群为单位。适当断句并补充逻辑主语信息（他，该倡议）；适当调整中文句内顺序。**

（续表）

英 文	中 文
Grounding the plan in China's history, // Xi described the Belt and Road Initiative // as a "project of the century" // that had its inspiration // in the ancient trade routes // linking the country with the world.	从历史上看，// 习主席说，//“一带一路”倡议是“世纪大计”，// 它的灵感 // 来自古代贸易路线。// 这些路线连接中国与世界。 **讲解：顺序驱动为主，以意群为单位。定语从句可以独立成句。**
He pledged // an additional 100 billion yuan // ($14.5 billion) // for China's Silk Road Fund, // 380 billion yuan in new lending // for participating nations, // and 60 billion yuan in coming years // to developing countries and international organizations // that join the program.	他承诺，// 会追加 1000 亿元人民币，// 约合 145 亿美元，// 给中国的丝路基金，// 3800 亿元人民币新增贷款 // 给参与国家，// 还有 600 亿元人民币在未来几年 // 投资给发展中国家和国际组织，// 如果他们参与其中。 **讲解：顺序驱动为主，以意群为单位。**
Xi repeated his call // for multilateral trade, // calling his initiative a force for peace // in "a world fraught with challenges".	习主席再次呼吁 // 进行多边贸易，// 认为该倡议是和平之力，// 在目前这个“充满挑战的世界里”。 **讲解：顺序驱动为主，以意群为单位。**
He told the almost two dozen world leaders // gathered at the forum // that countries should // "uphold and grow an open world economy".	他向二十多位世界领导人发表了讲话。// 这些领导人都出席了该论坛。// 习主席说，// 各国都应该 //“坚持发展开放型的世界经济”。 **讲解：顺序驱动为主，以意群为单位。宾语从句（that 引导）可以独立成句；适当重复主句信息（习主席说）。**

（续表）

英 文	中 文
It set the tone // for a major two-day forum // starting Sunday // to discuss the Belt and Road Initiative, // which aims to connect China with Europe, Asia and Africa // through infrastructure and investment.	这是 // 本次为期两天的大型论坛的基调。// 论坛周日开始，// 要讨论“一带一路”倡议。// 该倡议将把中国与欧洲、亚洲、非洲联结起来，// 主要通过基础设施建设和投资来实现。 **讲解：顺序驱动为主，以意群为单位。定语从句（which 引导）可以独立成句。**
“They see an opportunity // to fill the vacuum // and take advantage of perceptions globally,” // said Andrew Gilholm, // director of analysis for North Asia // at Control Risks Group, // referring to // changing perceptions of US leadership // in the Trump era.	“他们看到有机会 // 来填补真空，// 有机会利用全球视野的优势。”安德鲁·格尔摩说。// 他是危机管控集团 // 北亚区域总裁。// 他此番言论是针对 // 人们在特朗普时代 // 对美国领导力的认识 // 正在变化而言。 **讲解：顺序驱动为主，以意群为单位。适当断句并补充逻辑主语信息（他此番言论）。**
Assembled delegates // included representatives from more than 100 countries // and heads of state including Russian President Vladimir Putin, // Turkish President Recep Tayyip Erdogan // and Pakistani Prime Minister Nawaz Sharif.	参加论坛的代表 // 来自 100 多个国家，// 其中国家元首包括俄罗斯总统弗拉基米尔·普京，// 土耳其总统雷杰普·塔伊普·埃尔多安 // 和巴基斯坦总理纳瓦兹·谢里夫。 **讲解：顺序驱动为主，以意群为单位。**
The US sent Matt Pottinger, // senior director for Asia // on the National Security Council // and special assistant to Trump.	美国派出马特·波廷格参会，// 他是美国国家安全委员会 // 亚洲事务资深主管，// 也是特朗普总统的特别助理。 **讲解：顺序驱动为主，以意群为单位。**

（续表）

英　文	中　文
During the opening ceremony, // the first speakers to follow Xi // were Putin and Erdogan, // who pledged support // for China's initiative // while showcasing their own regional projects.	在开幕式上，// 紧随习近平主席之后发言的 // 是普京和埃尔多安。// 他们承诺支持 // 中国的倡议，// 同时也展示了他们自己的地区性计划。 **讲解：顺序驱动为主，以意群为单位。适当断句。**
Putin called the initiative "timely and promising" // while highlighting // the Russia-led Eurasian Economic Union.	普京称该倡议“及时有前景”，// 同时突出强调了 // 俄罗斯主导的欧亚经济联盟。 **讲解：顺序驱动为主，以意群为单位。**
Erdogan told delegates // that the world's economic center of gravity // was shifting to the East // and said he would like Turkey's planned infrastructure expansion // to be linked with the Belt and Road.	埃尔多安告诉与会代表，// 世界经济重心的中心 // 正在向东方转移。// 他表示，// 希望土耳其计划中的基础设施扩建后，// 可以与“一带一路”联结起来。 **讲解：顺序驱动为主，以意群为单位。适当断句并重复主语信息（他）。**
Other world leaders lined up // to praise the project.	其他各国领导人 // 都纷纷赞扬该倡议。 **讲解：顺序驱动为主，以意群为单位。**
UK Finance Minister Philip Hammond called the initiative // "truly groundbreaking", // stressing the country's desire // for new global trade ties // as it prepares to leave the European Union.	英国财政大臣菲利普·哈蒙德称该倡议 //“确实开天辟地”。// 他强调英国希望 // 有新的全球贸易合作联系，// 因为该国正准备脱欧。 **讲解：顺序驱动为主，以意群为单位。适当断句。**

（续表）

英　文	中　文
Pakistan's Sharif called the forum a "historic event" // that would "tear down barriers to trade and commerce".	巴基斯坦总理谢里夫称该论坛是"历史大事"，// 将"推倒贸易和商业壁垒"。 **讲解：顺序驱动为主，以意群为单位。根据需要补充背景信息（总理）。**
Addressing concerns // that the initiative will become // a bonanza for Chinese companies // or a strategic play for regional domination, // Xi declared // that the plan would be open to all countries // and would complement each nation's development goals.	就一些担心，// 如该倡议会成为 // 中国公司的掘金来源，// 或该倡议将是为了地区霸权的战略游戏，// 习近平宣布，// 该倡议将会对所有国家开放，// 并且为每个国家的发展目标提供补充。 **讲解：顺序驱动为主，以意群为单位。**
The speech also drew implicit contrast // between Chinese-style development objectives // and those of the West, // saying the initiative won't resort // to "outdated geopolitical maneuvering".	该讲话也隐性对比了 // 中国式发展目标 // 与西方发展目标，// 指出该倡议不会寻求 //"过时的地缘政治性操控"。 **讲解：顺序驱动为主，以意群为单位。**
He stressed // that China doesn't seek // to export its development model // to other nations // while also calling for mutual respect // of one another's sovereignty, territory and "core interests".	习近平强调，// 中国不寻求 // 输出自己的发展模式 // 到其他国家，// 同时呼吁相互尊重 // 主权、领土和其他"核心利益"。 **讲解：顺序驱动为主，以意群为单位。**
Xi proposed the initiative, // then known as the Silk Road, // in 2013.	习近平是该倡议的提出者，// 该倡议当时在 2013 年 // 被称为"丝绸之路"。 **讲解：顺序驱动为主，以意群为单位。根据中文习惯，适当将时间状语（2013）提前。**

（续表）

英　文	中　文
China's investment in Belt and Road countries // has surpassed $50 billion, // according to the official Xinhua News Agency.	中国在“一带一路”国家投资 // 已经超过 500 亿美元。// 该数据来源为官方媒体新华社。 **讲解：顺序驱动为主，以意群为单位。适当断句并补充逻辑主语信息（该数据）。**
Credit Suisse Group AG estimates // the plan could funnel investments // worth as much as $502 billion // into 62 countries // over five years.	瑞士信贷集团估计，// 该倡议会将 // 价值 5020 亿美元的投资，// 在未来 5 年 // 投入到 62 个国家去。 **讲解：顺序驱动为主，以意群为单位。适当提前时间信息（over five years）。**

4.2.2 汉英视译讲解

中　文	英　文
世界评说 //“一带一路”高峰论坛的 // 五大热词	**Global Views // on the Belt and Road Forum for International Cooperation: // Five Key Words** 讲解：顺序驱动为主，以意群为单位。
为期两天的“一带一路”国际合作高峰论坛 // 收获丰硕成果，// 与会嘉宾和国际人士 // 从多角度 // 给予积极评价，// 其中五个高频热词 // 凸显了高峰论坛的感召力与凝聚力。	The two-day “Belt and Road Forum for International Cooperation” // has been very fruitful. // Participants and international friends // have given positive feedback // from many perspectives. // Here are the five most frequently appearing words // which highlight its appeal. **讲解：顺序驱动为主，以意群为单位。根据英文习惯，适当断句并补充相关信息。**

（续表）

中　文	英　文
热词之一：历史 无论是与会各国政要，// 还是商界、学界和媒体，// 评价“一带一路”国际合作高峰论坛时 // 往往会提及 // 一个词——历史。	**1: History** Whether they are participating political figures, // or people from business circles, the academia, or the media, // when they air their views on the B&R Forum for International Cooperation, // they usually mention // the historical side of this Initiative. **讲解：顺序驱动为主，以意群为单位。**
热词之二：信心 本次高峰论坛 // 聚集了五大洲 130 多个国家 // 和 70 多个国际组织 // 约 1500 名代表，// 以及数千名来自世界各地的媒体人。	**2: Confidence** This forum // was attended by about 1,500 delegates // from more than 130 countries // and more than 70 international organizations, // as well as a few thousand people from the media // from all corners of the world. **讲解：顺序驱动为主，以意群为单位。根据需要适当调整语序。**
这样的规模本身就已说明，// 世界 // 对这项宏大倡议的信心。	The sheer size reflects // that the global community // has great confidence in this grand Initiative. **讲解：顺序驱动为主，以意群为单位。**
热词之三：务实 国际观察家注意到，// 习近平主席在高峰论坛开幕式上的 // 主旨演讲中 // 提到很多数字，// 涉及资金支持、// 贸易协议、// 人员交流、// 国际援助等多个方面，// 这充分体现出 // 高峰论坛务实的特点。	**3: Praticality** International observers note // that President Xi's keynote speech // at the opening ceremony of the forum // cited many figures, // involving capital support, // trade deals, // people-to-people exchange, // international aid, // as well as other aspects. // This clearly demonstrates // the practicality of this forum. **讲解：顺序驱动为主，以意群为单位。适当断句。**

（续表）

中 文	英 文
热词之四：共享 利益共享，// 友结八方。// 本次高峰论坛期间，// 很多参与“一带一路”倡议讨论的外方人士 // 都提到倡议的“共享”特质。	**4: Sharing** Sharing benefits // and making friends with others // is the key element of this forum, // during which many international participants // have mentioned the “sharing” feature of this B&R Initiative. 讲解：顺序驱动为主，以意群为单位。适当补充原文隐含的句子成分（is the key element of this forum）并使用定语从句（during which），以更加符合英文表达习惯。
热词之五：未来 本次高峰论坛的超高人气表明，// 世界看好“一带一路”倡议 // 将开创新的未来。	**5: Future** This forum’s tremendous appeal shows // that the international community believes // that the B&R Initiative will usher in a brighter future. 讲解：顺序驱动为主，以意群为单位。适当使用宾语从句（that 引导），以更加符合英文表达习惯。

4.3 视译实战演练

4.3.1 英汉视译练习一

I Spent Two Years // on China’s Belt and Road, // and This Is What I Found

Tomorrow marks the start of // the Belt and Road Forum in Beijing, // a first-of-its-kind conference // about China’s Belt and Road Initiative.

28 heads of state, // 100 lower-level government officials, // dozens of major international organizations, // and 1,200 delegates from various countries // are scheduled to attend.

This event is expected // to be kind of coming out party // for an initiative // that commenced in 2013 // but still has yet to define // what it actually is.

In the spring of 2015, // I began traveling // the various overland and maritime routes // of the New Silk Road, // an array of five new overland and maritime trade routes // that are rising up between China and Europe, // to see what was happening on the ground // for a new book // and a series of articles.

What follows is the first installment // of my main takeaways from these travels.

1. The New Silk Road is a multinational network, // not one country's initiative;

2. The AIIB is China's way of showing // they are willing // and able to // work within an international framework.

4.3.2 英汉视译练习二

Citigroup Targets Belt and Road // to Boost China Revenue

Citigroup Inc expects // to boost its revenue growth in China // by tapping into opportunities // presented by the Belt and Road Initiative, // the bank's China chief said.

The New York-based lender // is one of a handful of global banks // promoting its cross-border capabilities // to capitalize on the Belt and Road Initiative.

"We're seeing // more and more multinational customers // benefiting from Belt and Road, // mostly through // supplying into the Belt and Road projects, // particularly companies in the industrial sector," // Christine Lam, // Citigroup's chief executive for China, // told Reuters in an interview // on Thursday.

Lam was speaking // on the sidelines of a conference // hosted by Citigroup // in Beijing this week.

Rivals // HSBC Holdings, Standard Chartered, and Credit Suisse // also have promoted their cross-border capital markets // and cash management services // to leverage Belt and Road opportunities.

China is one of eight Asian markets // that produce $1 billion or more // in revenue for Citigroup.

The bank's local unit reported // about $770 million in revenue last year, // representing a decline of 10.5 percent, // following the sale // of its stake in Guangfa Bank.

Profits increased // about 1 percent // to $163 million.

Citigroup has banking relationships // with more than 80 percent of // Fortune 500 companies in China, // Lam said, // and provides services in 58 markets // in Belt and Road countries.

The bank expects // to book more revenue // from providing services // for Belt and Road related activities, // including mergers and acquisitions, // cash management, // trade finance and hedging, // Lam said.

4.3.3 汉英视译练习一

中国与北欧间 // 首趟中欧班列 // 开通

一班载有 41 个集装箱的 // 国际铁路列车 // 10 日 // 从芬兰铁路枢纽城市 // 科沃拉 // 驶向终点站西安港。

这是中国与北欧国家之间的 // 首趟中欧班列。

据介绍，// 首趟班列主要装载 // 电梯配件等机电设备，// 还有食品、纸浆等商品，// 途经芬兰、俄罗斯、哈萨克斯坦，// 从霍尔果斯口岸 // 入境中国，// 全程 9000 多公里，// 历时 16 天到 18 天。

线路运营主体 // 为西安国际港务区 // 陆港集团。

该线路初期 // 每周从科沃拉开出一列，// 同时从西安港对开一列。

此线路的常态化开行 // 将有效拉动 // 中欧间经贸往来 // 和人文交流，// 共享“一带一路”// 建设成果。

未来，// 北欧知名电子及机电产品、// 三文鱼和蓝莓等特产 // 可以快速运到西安港，// 并分拨到 // 国内各消费市场；// 中国中西部的 // 装备制造、// 电子产品 // 和农业特色产品 // 也将快速进入北欧国家。

中国驻芬兰大使陈立说：//“这是一次务实且卓有成效的合作，// 体现出以和平合作、// 开放包容、// 互学互鉴、// 互利共赢 // 为核心的丝路精神。”

4.3.4 汉英视译练习二

国航 // 在首届进博会上 // 签约近 4 亿美元采购大单

11 月 7 日，// 中国国际航空股份有限公司（简称“国航”）// 在首届中国国际进口博览会上，// 立足提升国际竞争力的需要，// 与 RR、BP、Spafax 等国际知名企业 // 签订了采购交易意向书，// 签约项目涵盖了 // 飞机发动机维修、// 航空燃油 // 和海外影视节目版权 // 等领域，// 整体签约额 // 达 3.96 亿美元。

国航副总裁 // 马崇贤表示，// 举办中国国际进口博览会，// 是以习近平同志为核心的党中央 // 推进新一轮对外开放 // 做出的一项重大战略决策，// 也是中国政府坚定支持 // 贸易自由化和经济全球化、// 主动向世界开放市场的 // 重大举措。

国航是伴随着中国改革开放的步伐 // 成长壮大起来的，// 多年来，// 国航与世界航空领域领先的 // 装备制造商和服务提供商 // 保持着稳定良好的合作关系，// 仅 2018 年度 // 进口采购额 // 就达到近 40 亿美元，// 境外供应商约 400 家。

在强大的机队实力支撑下，// 近年来 // 国航不断拓展和优化 // 国内、国际 // 航线网络布局，// 目前航线网络 // 已覆盖六大洲，// 具备全球运营能力。

配合国家“一带一路”倡议 // 和京津冀协同发展、// 长江经济带 // 和深圳湾大湾区建设等部署，// 国航持续推进 // 枢纽网络战略，// 持续打造 // 北京超级枢纽、// 成都国际枢纽、// 上海和深圳国际门户。

目前，// 国航“一带一路”相关国际航线 // 已达到 35 条，// 通航 19 个沿线国家的 // 25 座城市，// 服务国家战略的能力 // 进一步增强，// 并在当地社会 // 产生了积极影响。

通过星空联盟，// 航线网络可覆盖 // 193 个国家的 // 1317 个目的地。

第五章　经济形势

本章主要关注人民币的国际地位、我国的经济形式以及对华投资环境等话题。

5.1 背景知识

本章背景知识主要介绍国内生产总值、居民消费价格指数和采购经理指数等统计指标以及与货币相关的概念和国际组织，并给出一些关键词的中英文对照表。

5.1.1　国内生产总值

国内生产总值（Gross Domestic Product，GDP）是一个国家所有常住单位在一定时期内生产活动的最终成果。GDP 是国民经济核算的核心指标，也是衡量一个国家经济状况和发展水平的重要指标。

GDP 核算有三种方法，即生产法、收入法和支出法，三种方法从不同的角度反映国民经济生产活动成果。生产法是从生产过程中创造的货物和服务价值中，剔除生产过程中投入的中间货物和服务价值，得到增加值的一种方法。国民经济各行业生产法增加值计算公式如下：增加值＝总产出－中间投入。将国民经济各行业生产法增加值相加，得到生产法国内生产总值。收入法是从生产过程形成收入的角度，对生产活动成果进行核算。按照这种计算方法，增加值由劳动者报酬、生产税净额、固定资产折旧和营业盈余四个部分组成。计算公式为：增加值＝劳动者报酬＋生产税净额＋固定资产折旧＋

营业盈余。国民经济各行业收入法增加值之和等于收入法国内生产总值。支出法是从生产活动成果最终使用的角度计算国内生产总值的一种方法。最终使用包括最终消费支出、资本形成总额及货物和服务净出口三部分。

我国的 GDP 核算严格遵守《中华人民共和国统计法》的规定。目前，我国 GDP 是按照《中国国民经济核算体系（2016）》的要求进行测算的，该体系采纳了联合国《国民账户体系（2008）》的基本核算原则、内容和方法。

5.1.2 居民消费价格指数

居民消费价格指数（Consumer Price Index，CPI），是反映居民家庭一般所购买的消费品和服务项目价格水平变动情况的宏观经济指标。它在特定时段内度量一组代表性消费商品及服务项目的价格水平随时间而变动的相对数，用来反映居民家庭购买消费商品及服务的价格水平的变动情况。

居民消费价格统计调查的是社会产品和服务项目的最终价格，同人民群众的生活密切相关，同时在整个国民经济价格体系中也具有重要的地位。它是进行经济分析和决策、价格总水平监测和调控及国民经济核算的重要指标。其变动率在一定程度上反映了通货膨胀或紧缩的程度。一般来讲，物价全面地、持续地上涨就被认为发生了通货膨胀。

5.1.3 采购经理指数

采购经理指数（Purchasing Managers' Index，PMI），是通过对采购经理的月度调查汇总出来的指数，反映了经济的变化趋势。它是一套月度发布的、综合性的经济监测指标体系，是国际上通用的监测宏观经济走势的先行性指数之一，具有较强的预测、预警作用，分为制造业 PMI、服务业 PMI，也有一些国家建立了建筑业 PMI。

PMI 指数 50 为荣枯分水线。PMI 高于 50% 时，反映制造业经济在扩张；低于 50%，则反映制造业经济在收缩。

5.1.4　货币供应量

货币供应量，亦称货币存量、货币供应，指某一时点流通中的货币量。货币供应量是各国中央银行编制和公布的主要经济统计指标之一。货币供应量的现实水平是一国货币政策调节的对象。预测货币供应量的增长、变动情况则是一国制定货币政策的依据。由于各国经济、金融发展和现实情况不同，以及经济学家对货币定义解释不同，各国中央银行公布的货币供应量指标也不尽相同。有狭义货币供应量（流通中的现金和商业银行活期存款的总和）和广义货币供应量（狭义货币供应量加上商业银行定期存款的总和）之分。

中央银行一般根据宏观监测和宏观调控的需要，根据流动性的大小将货币供应量划分为不同的层次。我国现行货币统计制度将货币供应量划分为三个层次：（1）流通中现金（M0），指单位库存现金和居民手持现金之和，其中"单位"指银行体系以外的企业、机关、团体、部队、学校等单位；（2）狭义货币供应量（M1），指M0加上单位在银行的可开支票进行支付的活期存款；（3）广义货币供应量（M2），指M1加上单位在银行的定期存款和城乡居民个人在银行的各项储蓄存款以及证券公司的客户保证金。中国人民银行从2001年7月起，将证券公司客户保证金计入广义货币供应量M2。

5.1.5　贷款

贷款是银行或其他金融机构按一定利率和必须归还等条件出借货币资金的一种信用活动形式。广义的贷款指贷款、贴现、透支等出贷资金的总称。银行通过贷款的方式将所集中的货币和货币资金投放出去，可以满足社会扩大再生产对补充资金的需要，促进经济的发展，同时，银行也可由此取得贷款利息收入，增加银行自身的积累。

（1）贷款五级分类

1998年5月，中国人民银行参照国际惯例，结合中国国情，制定了《贷款分类指导原则》，要求商业银行依据借款人的实际还款能力进行贷款质量的五级分类，即按风险程度将贷款划分为五类：正常、关注、次级、可疑、损失，后三种为不良贷款。

正常贷款：指借款人能够履行合同，一直能正常还本付息，不存在任何影响贷款本息及时全额偿还的消极因素，银行对借款人按时足额偿还贷款本息有充分把握。贷款损失的概率为0。

关注贷款：指尽管借款人有能力偿还贷款本息，但存在一些可能对偿还产生不利影响的因素，如这些因素继续下去，借款人的偿还能力受到影响，贷款损失的概率不会超过5%。

次级贷款：指借款人的还款能力出现明显问题，完全依靠其正常营业收入无法足额偿还贷款本息，需要通过处分资产或对外融资乃至执行抵押担保来还款付息。贷款损失的概率在30%—50%。

可疑贷款：指借款人无法足额偿还贷款本息，即使执行抵押或担保，也肯定要造成一部分损失，只是因为存在借款人重组、兼并、合并、抵押物处理和未决诉讼等待定因素，损失金额的多少还不能确定，贷款损失的概率在50%—75%之间。

损失贷款：指借款人已无偿还本息的可能，无论采取什么措施和履行什么程序，贷款都注定要损失了，或者虽然能收回极少部分，但其价值也是微乎其微，从银行的角度看，也没有意义和必要再将其作为银行资产在账目上保留下来。对于这类贷款，在履行了必要的法律程序之后应立即予以注销，其贷款损失的概率在75%—100%。

（2）不良贷款

不良贷款是指出现违约的贷款，分为逾期贷款、呆滞贷款和呆账贷款。一般而言，借款人若拖延还本付息达三个月之久，贷款即会被视为不良贷款。银行在确定不良贷款已无法收回时，应从利润中予以注销。逾期贷款无法收回但尚未确定时，则应在账面上提列坏账损失准备。不良贷款预示着银行将要发生风险损失。把不良贷款减少到最低限度，是商业银行风险管理的首要目标。

5.1.6 债转股

所谓债转股，是指国家组建金融资产管理公司，收购银行的不良资产，把原来银行与企业间的债权、债务关系，转变为金融资产管理公司与企业间的股权、产权关系。

债权转为股权后，原来的还本付息就转变为按股分红。国家金融资产管理公司实际上成为企业阶段性持股的股东，依法行使股东权利，参与公司重大事务决策，但不参与企业的正常生产经营活动，在企业经济状况好转以后，通过资产重组、上市、转让或企业回购形式回收这笔资金。

5.1.7 国际货币基金组织

国际货币基金组织（International Monetary Fund，IMF）是根据1944年7月在布雷顿森林会议上签订的《国际货币基金组织协定》，于1945年12月27日在华盛顿成立的。它与世界银行同时成立、并列为世界两大金融机构，其职责是监察货币汇率和各国贸易情况，提供技术和资金协助，确保全球金融制度运作正常。其总部设在美国华盛顿。

5.1.8 特别提款权

特别提款权（Special Drawing Rights，SDR），亦称“纸黄金”（Paper Gold），最早发行于1969年，是国际货币基金组织根据会员国认缴的份额分配的，可用于偿还国际货币基金组织债务，弥补会员国政府之间国际收支逆差的一种账面资产。其价值目前由美元、欧元、人民币、日元和英镑组成的一篮子储备货币决定。会员国在发生国际收支逆差时，可用它向基金组织指定的其他会员国换取外汇，以偿付国际收支逆差或偿还基金组织的贷款，还可与黄金、自由兑换货币一样充当国际储备。因为它是国际货币基金组织原有的普通提款权以外的一种补充，所以称为特别提款权。

2015年11月30日，国际货币基金组织宣布将人民币纳入特别提款权货币篮子，决议于2016年10月1日生效。

目前，SDR货币篮子的权重为美元41.73%、欧元30.93%、人民币10.92%、日元8.33%、英镑8.09%。

5.1.9 相关术语举例

中文	英文
布雷顿森林会议	Bretton Woods Conference
不良贷款	non-performing loans
采购经理指数	Purchasing Managers' Index (PMI)
《财政监测报告》	Fiscal Monitor Report
次级贷款	substandard loans
贷款分类系统	loan classification system
关注贷款	special mention loans
国际储备资产	international reserve assets
国际货币基金组织	International Monetary Fund (IMF)
国内生产总值	Gross Domestic Product (GDP)
货币篮子	currency basket
货币供应量	money supply; supply of money
居民消费价格指数	Consumer Price Index (CPI)
可疑贷款	doubtful loans
《全球金融稳定报告》	Global Financial Stability Report
《世界经济展望》	World Economic Outlook
损失贷款	loss loans
特别提款权	Special Drawing Rights (SDR)
通货膨胀	inflation

（续表）

中　文	英　文
通货紧缩	deflation
逾期贷款	overdue loans
债转股	debt-to-equity conversion

5.2 视译实战讲解

5.2.1 英汉视译讲解

英　文	中　文
Chinese Manufacturing Activity Eases // Back from Five Year High	**中国制造业活动放缓，// 从五年来最高点回落** **讲解：顺序驱动为主，以意群为单位。**
Chinese factory activity // slowed in April // amid signs // that the country's recent growth spurt // is unlikely to be sustained, // according to an official survey.	中国工厂活动 // 在四月份放缓，// 很多迹象表明，// 中国近几年经济的快速增长 // 不太可能继续保持，// 这来自一份官方调查的数据。 **讲解：顺序驱动为主，以意群为单位。最后一个意群的 according to...在笔译中通常会置于句子开头，但在视译中囿于语序，可以通过添加信息“这”来补齐。**
Manufacturing activity eased // back from a five year high // in March, // according to China's National Bureau of Statistics (NBS), // though officials said // the outlook // for the world's second largest economy // remained "positive".	制造业活动放缓，// 在三月份 // 达到五年来最高点后开始回落，// 这是来自中国国家统计局的数据。// 然而有关官员表示，// 作为世界第二大经济体，// 中国的前景 // 依然“良好”。 **讲解：顺序驱动为主，以意群为单位。根据情况提前时间状语，同时适当断句。**

（续表）

英　文	中　文
The NBS // Purchasing Managers' Index (PMI), // which gauges conditions // at factories and mines, // stood at 51.2 // in April.	中国国家统计局的 // 采购经理指数，// 衡量的是 // 工厂和矿井的状况，// 四月份 // 该指数为 51.2。 **讲解：顺序驱动为主，以意群为单位。遇到定语从句适当断句，同时将时间状语提前。**
While this was above the 50 level // that divides growth from contraction, // it was down // on March's five-year high of 51.8 // and below economists' expectations // for a slight easing to 51.7.	尽管该数值高于 50，// 而高于 50 就代表 // 制造业扩张而非收缩，// 但比三月份要低，// 当时是五年来最高点 51.8，// 同时也低于经济学家的预测，// 即略微回落到 51.7。 **讲解：顺序驱动为主，以意群为单位。50... divides growth from contraction 这句话直译是"50 把增长和收缩区分开"，但在了解 PMI 指数含义的情况下，可明确解释为"高于 50 就代表制造业扩张而非收缩"，即补充相关信息以方便理解。**
Zhao Qinghe, // a statistician at the NBS, // said solid production of consumer goods // and improvements in small business activity // suggested the economy // remained robust.	赵庆河是中国国家统计局的一位统计师，// 他表示，// 消费性产品生产稳固，// 小企业活动有所提升，// 说明中国经济 // 依旧强劲。 **讲解：顺序驱动为主，以意群为单位。**
"Although the PMI // has dropped slightly, // we can also see // the steady accumulation of positive factors," // said Mr. Zhao.	"尽管采购经理指数 // 略有下降，// 我们还是能看到 // 积极因素在稳步累积。" // 赵庆河表示。 **讲解：顺序驱动为主，以意群为单位。**

（续表）

英　文	中　文
Strong factory activity // and property investment // propelled the Chinese economy // to its strongest expansion // at the fastest pace // in 18 months // in the first quarter of 2017.	强劲的工厂活动 // 和房地产投资，// 推动中国经济 // 以最快的速度 // 达到最强劲的增长，// 这个 18 个月以来 // 最快的增长速度，// 发生在 2017 年第一季度。 **讲解：顺序驱动为主，以意群为单位。适当断句；根据中文习惯适当调整时间状语位置并重复相关信息“最快的增长速度”。**
The economy grew // at an annual rate of 6.9 pc // in the first three months of this year, // but analysts said // this pace was unlikely // to be maintained // in the second quarter.	经济增长的年速 // 为 6.9 个百分点，// 这是今年前三个月的数据，// 但是分析人士表示，// 这一增长速度不太可能 // 继续保持 // 到第二季度。 **讲解：顺序驱动为主，以意群为单位。**
Zhou Hao, // an economist at Commerzbank said // the data suggested // weakness was “across the board” // and pointed to slowing growth.	周浩是德国商业银行的经济学家，// 他认为，// 这些数据表明，// 中国正处于“全方位”的经济疲软期，// 且增长速度将放缓。 **讲解：顺序驱动为主，以意群为单位。遇到从句适当断句并根据需要补充主语信息（中国）。**
“This on one hand // reflects that there is little improvement // in underlying demand; // on the other hand, // the de-leveraging effort by the Chinese authorities, // has started to work.”	“一方面，// 这表明基础需求方面 // 没有进展；// 另一方面，// 表明中国官方采取的去杠杆措施 // 开始奏效了。” **讲解：顺序驱动为主，以意群为单位。**

5.2.2 汉英视译讲解

中 文	英 文
商务部回应 // 对华投资环境质疑：// 中国投资环境 // 在不断优化	**Ministry of Commerce // Responds to Doubts About China's Investment Environment: // Improvement Under Way** **讲解：顺序驱动为主，以意群为单位。**
中国美国商会 // 近日发布的一份白皮书 // 对中国投资环境 // 提出了质疑。	The American Chamber of Commerce in China (AmCham China) // recently released a white paper, // expressing doubts // about China's investment environment. **讲解：顺序驱动为主，以意群为单位。**
商务部新闻发言人 // 孙继文 // 27 日 // 回应称，// 中国的整体投资环境 // 没有恶化，// 而是在不断优化，// 中国开放的大门 // 只会越开越大。	Sun Jiwen, // spokesperson for the Ministry of Commerce // said in response // on April 27, // that the overall investment environment in China // is not degrading, // instead, it is continuously improving, // and China will only open up // wider to the outside world. **讲解：顺序驱动为主，以意群为单位。根据新闻发布时间，补足讲话者发言的月份（April）并根据英文习惯适当调整顺序。**
中国美国商会 // 日前发布了 //《2017 年度美国企业在中国白皮书》，// 其中对中国投资环境 // 提出了一些质疑，// 认为存在对外国在华企业 // 及其投资的 // 歧视性待遇。	AmCham China // recently published // "2017 American Business in China White Paper", // in which doubts were cast // on China's present investment environment, // accusing China of practicing discriminatory treatment // towards foreign enterprises // and their investments in China. **讲解：顺序驱动为主，以意群为单位。**

（续表）

中　文	英　文
孙继文表示，//“欢迎外国企业//来华投资，//也欢迎在华外国企业//发表真知灼见，//与我们一道//推动改善//中国的投资环境。”	According to Sun, // “Foreign enterprises are welcome // to invest in China, // and those in China are welcome // to voice their opinions, // so that they could join hands with us // in bettering China's investment environment.” **讲解：顺序驱动为主，以意群为单位。**
“我想强调的是，//吸收外资//是中国对外开放基本国策的//重要内容。//中国开放的大门//永远不会关上，//只会越开越大。”	“What I want to stress is // that attracting foreign funds // represents an important part // of our national policy of opening up. // China will never // shut its door, // instead, // it will only open up further and wider.” **讲解：顺序驱动为主，以意群为单位。根据英文习惯，适当调整句内顺序。**
中国目前正在//大幅减少//外资准入限制性措施，//最近一次修订//已经公开征求意见，//征求意见稿//将2015年版的93条限制性措施//减少到62条。	China is now // substantially easing // restrictions on foreign investment in China. // The latest revision (of the restrictions) // has solicited public opinions, // and the draft memorandum // has reduced the number of restrictive measures // from 93 in 2015 // to the current 62. **讲解：顺序驱动为主，以意群为单位。适当断句；“最近一次修订”建议补齐内容“最近一次对限制性措施的修订”。**
同时//不断缩减//自贸试验区//负面清单①，//由2013年的193项//大幅缩减至目前的122项，//未来还将进一步缩减。	Meanwhile, // China has been consistently trimming down // the negative lists // for its free trade pilot zones, // reducing from 193 items in 2013 // to the current figure of 122. // And this figure will be cut further in the future. **讲解：顺序驱动为主，以意群为单位。根据上文主语，补充主语 China。**

① “自贸试验区负面清单”也可译为 the Special Administrative Measures (Negative List) for Foreign Investment Access in Pilot Free Trade Zones。

（续表）

中　文	英　文
孙继文说，//“中国正在加快推进 // 外商投资管理体制改革。”	Sun stated, // “China is accelerating its efforts // in foreign investment management restructuring.” 讲解：顺序驱动为主，以意群为单位。
“此外，// 还加大力度 // 创造和维护 // 公平竞争的环境，// 在资质许可、// 标准制定、// 政府采购、// 享受‘中国制造 2025’政策 // 等方面，// 对内外资企业 // 一视同仁，// 并且进一步放宽 // 外资在服务业、制造业、采矿业等领域的 // 准入限制。”	“Moreover, // China is stepping up // in generating and maintaining // a level playing field. // In terms of qualifications approval, // standards setting, // government procurement, // the implementation of the ‘Made in China 2025’ policy, // as well as other aspects, // China treats domestic and foreign enterprises // as equals. // Besides, // China will further relax restrictions // on foreign investment entry // into service, manufacturing, mining, // and other sectors.” 讲解：顺序驱动为主，以意群为单位。原文太长，需要适当断句；根据上文主语，补充主语 China。

5.3 视译实战演练

5.3.1 英汉视译练习一

Debt-to-Equity Conversions // and NPL Securitization in China // — Some Initial Considerations

Corporate debt is high // and increasingly under stress, // which is mirrored // in banks’ asset quality.

Corporate debt // is some 160 percent of GDP // and continuing to rise quickly.

An increasing share of corporates // show signs of being at risk, // for example, // the latest Global Financial Stability Report (GFSR) suggests // that corporate loans potentially at risk // (i.e., owed by firms // with an interest coverage ratio[②] // less than one) // amount to 15.5 percent // of total commercial banks' loans to corporates, // or $1.3 trillion // (12 percent of GDP).

This compares with // about $1.7 trillion // in bank Tier 1 capital // (11.3 percent of risk-weighted assets), // and $356 billion // in reserves.

Reported problem bank loans, // including "special mention loans", // amount to 5.5 percent // of bank corporate and household loans // ($641 billion, // or 6 percent of GDP), // up from 4.4 percent // at the end of 2014.

In the last few weeks, // some contours of an emerging strategy // to deal with banks' NPLs // have emerged.

The two main ones seem to be: // (1) converting NPLs into equity // and (2) securitizing NPLs // and selling them.

The securitization program is reportedly being piloted // by a handful of large banks, // instruments can only be sold // to institutional (presumably domestic) investors, // and the program is reported // to be capped at RMB 50 bn // (a tiny fraction // of current NPLs).

5.3.2　英汉视译练习二

The Bad Smell // Hovering over the Global Economy

All is calm.

All is still.

② interest coverage ratio（ICR，利息备付率），是指项目在借款偿还期内各年可用于支付利息的息税前利润与当期应付利息费用的比值。正常情况下，ICR>1，表示企业有偿还利息的能力；ICR<1，表示企业没有足够的资金支付利息，偿债风险很大。

Share prices are going up.

Oil prices are rising.

China has stabilized.

The eurozone is over the worst.

After a panicky start to 2016, // investors have decided // that things aren't so bad after all.

Put your ear to the ground though, // and it is possible to // hear the blades whirring.

Far away, // preparations are being made // for helicopter drops of money // onto the global economy.

With due honor // to one of Humphrey Bogart's many great lines // from *Casablanca*: // "Maybe not today, // maybe not tomorrow // but soon."

But isn't it true // that action by Beijing // has boosted activity in China, // helping to push oil prices back // above $40 a barrel?

Has Mario Draghi not announced // a fresh stimulus package // from the European Central Bank // designed to remove // the threat of deflation?

Are hundreds of thousands of jobs // not being created in the US // each month?

In each case, // the answer is yes.

China's economy appears to // have bottomed out.

Fears of a $20 oil price // have receded.

Prices have stopped falling // in the eurozone.

Employment growth // has continued in the US.

The International Monetary Fund is forecasting // growth in the global economy // of just over 3% this year // — nothing spectacular, // but not a disaster either.

Don't be fooled.

China's growth is the result // of a surge in investment // and the strongest credit growth // in almost two years.

The upward trend in oil prices // also looks brittle.

The fundamentals of the market — // supply continues // to exceed demand — // have not changed.

Then there's the US.

Here there are two problems — // one glaringly apparent, // the other lurking in the shadows.

The overt weakness is // that real incomes continue // to be squeezed, // despite the fall in unemployment.

Americans are finding // that wages are barely // keeping pace with prices, // and that the amount left over // for discretionary spending // is being eaten into // by higher rents // and medical bills.

5.3.3 汉英视译练习一

人民币加入特别提款权货币篮子 // 国际化迎来里程碑

据中国之声 //《新闻和报纸摘要》报道，// 昨天（10 月 1 日）起，// 人民币正式加入 // 国际货币基金组织 // 特别提款权（SDR）货币篮子，// 人民币由此 // 向国际储备货币 // 再进一步，// 人民币国际化 // 迎来重要里程碑。

业内人士认为，// 加入 SDR // 有助于稳定人民币汇率、// 缓解跨境资金 //

流动压力，// 同时通过 // 多种国际化努力，// 促进企业和居民的 // 跨境投资生活 // 更为便利化。

此前，// 特别提款权（SDR）货币篮子，// 由美元、// 欧元、// 日元 // 和英镑四种货币 // 按一定比例构成，// 其中美元 // 占比超过 40%。

中国人民银行 // 研究局局长 // 陆磊 // 就曾明确表示，// 加入 SDR // 对人民币国际化 // 是重要的肯定。

人民币真正成为 // SDR 的第五位成员，// 并占有将近 11% 的份额，// 由此带来的 // 人民币国际地位的提升 // 将首先体现在 // 资金的流入上。

加入 SDR 标志着 // IMF 及其成员国官方 // 对人民币的认可。

长期而言，// 随着人民币国际化的 // 持续推进，// 资本账户的开放 // 和国内资本市场改革 // 有望吸引 // 更多资本流入。

与此同时，// 纳入 SDR // 意味着 // 人民币的国际信用提升，// 在国际上使用的范围 // 就会更加广泛，// 对于企业和普通老百姓 // 也是实惠多多。

不过，// 根据特别提款权的设计，// SDR 每五年 // 评估一次。

央行 // 副行长 // 易纲 // 此前就曾明确表示，// 加入 SDR // 不是一劳永逸的，// 一种货币 // 在符合条件的时候 // 可以加入 SDR，// 当它不符合条件的时候 // 也可以退出 SDR。

鉴于 SDR 并非 // 可交易工具，// 所以预计 // 人民币加入 SDR 货币篮子 // 短期内 // 并不产生太多实际影响。

但它会加快 // 中国的市场改革进程，// 随着时间的推移，// 未来可以期待的 // 资本账户进一步开放，// 资本双向流动，// 才是人民币国际化的 // 下一个关键里程碑。

5.3.4 汉英视译练习二

IMF 对中国有信心 // 上调中国 2016 // 经济增速

国际货币基金组织 // 5 月 3 日 // 发布最新 //《亚太区经济展望》报告，// 预测中国 // 2016 及 2017 两年 // 经济增长幅度 // 分别为 6.5% 和 6.2%。

相较 // IMF 在 1 月时预测 // 中国 2016 年经济增长 // 为 6.3%，// 5 月 3 日

发布的 6.5% // 则上调了 0.2 个百分点。

IMF 称，// 目前中国经济增长放缓，// 反映正在进行 // 经济的“再平衡”，// 中国的消费 // 将由快速增长的可支配收入、// 主要城市强劲的劳工市场 // 所支撑；// 其中消费增长 // 将持续高于投资的增长。

IMF 在《亚太区经济展望》报告中分析道，// 亚洲地区对中国经济的敏感度不断上升，// 中国经济“再平衡”// 于短期 // 会就亚洲地区的经济增长 // 引发负面效应，// 不过在中期内 // 则将带来好处。

第六章　科技前沿（一）

21 世纪以来，各种科技研究与应用日新月异，改变了人类的生存状态和生活方式。中国近年来的科技发展也取得了举世瞩目的成就。

6.1 背景知识

“工业（产业）革命”，其英文 industrial revolution 的首字母大小写有意义上的区分。如果首字母大写，即特指开始于 18 世纪 60 年代的工业革命（the Industrial Revolution），通常认为它发源于英格兰中部地区，指的是资本主义工业化的早期历程，即资本主义生产完成从工场手工业向机器大工业过渡的阶段。工业革命是以机器取代人力，以大规模工厂化生产取代个体工场手工生产的一场生产与科技革命。

由于机器的发明及运用成为这个时代的标志，因此历史学家称这个时代为“机器时代”（the Age of Machines）。18 世纪中叶，英国人瓦特改良蒸汽机之后，一系列技术革命带来了从手工劳动向动力机器生产转变的重大飞跃。随后，工业革命从英国传播至整个欧洲大陆，19 世纪传至北美。一般认为，蒸汽机、煤、铁和钢是促成工业革命技术加速发展的四项主要因素。英国是最早开始工业革命，也是最早结束工业革命的国家。

如果“工业革命”首字母小写，则可以指某一次技术革新（an industrial revolution）。例如，第一次革新（the first industrial revolution）是 18 世纪 60 年代至 19 世纪中期，即人类开始进入蒸汽时代；第二次革新是 19 世纪下半叶至 20 世纪初，即人类开始进入电气时代，并在信息革命、资讯革命中达到顶峰；第三次革新是20世纪后半期，即第二次世界大战之后，人类进入科技时代，以原子能、电子计算机、空间技术和生物工程的发明和应用为主要标志；第四次革新是以人工智能、清洁能源、机器人技术、量子信息技术、虚拟现实以及生物技术为主的全新技术革命。

下面介绍信息技术革新的相关内容及背景知识，并给出一些关键词的中英文对照表。

6.1.1 信息技术

信息技术（Information Technology，缩写IT）是用于管理和处理信息所采用的各种技术的总称，主要是应用计算机科学和通信技术来设计、开发、安装和实施信息系统及应用软件。它也常被称为信息和通信技术（Information and Communications Technology，ICT），主要包括传感技术、计算机与智能技术、通信技术和控制技术。

6.1.2 算法

算法（algorithm）是指解题方案的准确而完整的描述，是一系列解决问题的清晰指令，算法代表用系统的方法描述解决问题的策略机制，也就是说，能够对一定规范的输入，在有限时间内获得所要求的输出。如果一个算法有缺陷，或不适合于某个问题，那么执行这个算法将不会解决这个问题。不同的算法可能用不同的时间、空间或效率来完成同样的任务。一个算法的优劣可以用空间复杂度与时间复杂度来衡量。

6.1.3 大数据

大数据（big data），指无法在一定时间范围内用常规软件工具进行捕捉、管理和处理的数据集合，是需要新处理模式才能具有更强的决策力、洞察发现力和流程优化能力的海量、高增长率和多样化的信息资产。

维克托·迈尔－舍恩伯格及肯尼斯·库克耶编写的《大数据时代》中指

出，大数据不用随机分析法（抽样调查）这样的捷径，而采用所有数据进行分析处理。大数据有 5V 特点（IBM 提出）：Volume（大量）、Velocity（高速）、Variety（多样）、Value（低价值密度）、Veracity（真实性）。

6.1.4 云（技术）

云技术（cloud technology）是指在广域网或局域网内将硬件、软件、网络等系列资源统一起来，实现数据的计算、储存、处理和共享的一种托管技术。它是基于云计算商业模式应用的网络技术、信息技术、整合技术、管理平台技术、应用技术等的总称，可以组成资源池，按需所用，灵活便利。

6.1.5 搜索引擎

搜索引擎（search engine）是指根据一定的策略、运用特定的计算机程序从互联网上搜集信息，在对信息进行组织和处理后，为用户提供检索服务，将用户检索的相关信息展示给用户的系统。搜索引擎包括全文搜索引擎、目录搜索引擎、元搜索引擎、垂直搜索引擎、集合式搜索引擎、门户搜索引擎与免费链接列表等。由搜索器 、索引器 、检索器和用户接口四个部分组成。搜索器的功能是在互联网中漫游，发现和搜集信息。索引器的功能是理解搜索器所搜索的信息，从中抽取出索引项，用于表示文档以及生成文档库的索引表。检索器的功能是根据用户的查询在索引库中快速检出文档，进行文档与查询的相关度评价，对将要输出的结果进行排序，并实现某种用户相关性反馈机制。用户接口的作用是输入用户查询、显示查询结果、提供用户相关性反馈机制。

6.1.6 世界互联网大会

世界互联网大会（World Internet Conference，缩写 WIC），是由中国倡导并每年在浙江省嘉兴市桐乡乌镇举办的世界性互联网盛会，旨在搭建中国与世界互联互通的国际平台和国际互联网共享共治的中国平台，让各国在争议中求共识、在共识中谋合作、在合作中创共赢。首届世界互联网大会于 2014 年 11 月 19 日至 21 日在乌镇举办。

6.1.7 相关术语举例

中　文	英　文
传感技术	sensor technology
储存	storing
共享	sharing
处理	processing
机器学习	machine learning
机器训练	machine training
机器翻译	machine translation
计算	computing
计算机辅助翻译	computer aided translation
计算机视觉	computer vision
量子信息技术	quantum information technology
人脸识别	face recognition
数据	data
算法	algorithm
通信	telecommunications
图像识别	image recognition
虚拟现实	virtual reality
语言（语音）识别	language (speech) recognition
自然语言处理	natural language processing
专家系统	expert system

6.2 视译实战讲解

6.2.1 英汉视译讲解

英　文	中　文
Rise of the Machine Translators	**机器翻译者的兴起**
Those passingly familiar with machine translation (MT) // may well have reacted in the following ways // at some point.	那些多少比较熟悉机器翻译的人 // 可能会在某个时刻 // 有以下这些反应。 **讲解：顺序驱动为主，以意群为单位。适当调整中文句子内部顺序。**
"Great!" would be one such, // on plugging something // into the best-known public and free version, // Google Translate, // and watching the translation appear milliseconds later.	"太棒了！"可能是其中一种反应，// 如果人们把一些内容 // 放入最著名的公共且免费的机器翻译工具里，// 也就是谷歌翻译，// 然后看到翻译结果瞬间出现时，// 会有这种反应。 **讲解：顺序驱动为主，以意群为单位。适当重复前文信息（会有这种反应）。**
"Wait a second..." // might be the next, // from those who know both languages.	而"等一下……"// 可能是下一种反应，// 那些了解两种语言的人 // 会出现这种反应。 **讲解：顺序驱动为主，以意群为单位。补充转折信息（而）。**
Google Translate, // like all MT systems, // can make mistakes, // from the subtle // to the hilarious.	谷歌翻译，// 像所有的机器翻译系统一样，// 会犯错，// 程度可以很轻，// 也可以很搞笑。 **讲解：顺序驱动为主，以意群为单位。**
The Internet is filled with // signs badly machine translated // from Chinese into English.	互联网上充斥着 // 公示语的劣质译文，// 是中到英的。 **讲解：顺序驱动为主，以意群为单位。**

（续表）

英　文	中　文
What monolingual English-speakers don't realize is // just how many funny mistakes get made // in translating the other way.	但英语单语者意识不到的是，// 有多少可笑的错误，// 也可以在英译中的过程中出现。 **讲解：顺序驱动为主，以意群为单位。补充转折信息（但）。**
Take, for example, // the Occupy Wall Street protester in 2011 // who seems to have plugged "No more corruption." into a computer translator // and made a sign with the resulting Chinese output.	比如，// 2011 年"占领华尔街"的那个抗议者，// 他把"No more corruption."这句话 // 用某个计算机翻译工具来翻译，// 然后将中文译文做成了标语。 **讲解：顺序驱动为主，以意群为单位。遇到定语从句时，适当断句并补充主语信息（他）。**
It read: // "There is no corruption."	中文标语是 //"没有贪污"。 **讲解：顺序驱动为主，以意群为单位。**
MT is hard.	机器翻译难。 **讲解：顺序驱动为主，以意群为单位。**
It has occupied the minds // of a lot of smart people for decades, // which is why // it is still known // by a 1950s-style moniker // rather than "computer translation".	这个问题已经让 // 很多聪明人费心很多年了。// 这也是为什么 // 直到现在，// 它还是 20 世纪 50 年代的叫法 //（即"机器翻译"），// 而不是"计算机翻译"。 **讲解：顺序驱动为主，以意群为单位。遇到定语从句时，适当断句；根据需要补充隐含信息（即"机器翻译"）。**
Older models // tended to try to break down // the grammar or meaning of the source text, // and reconstruct it in the target language.	旧的翻译模式 // 试图分解 // 原文的语法或意义，// 然后在目标语里重建它们。 **讲解：顺序驱动为主，以意群为单位。**

（续表）

英　文	中　文
This was so difficult, // though, // that in retrospect // it is unsurprising // that this approach started running into intractable problems.	然而，// 这非常难，// 因此现在回头看的话，// 毫不奇怪，// 这种方法遇到了难以解决的困难。 **讲解：顺序驱动为主，以意群为单位。适当调整中文句子内部顺序（把插入语“然而”提前），遇到 that 引导的真正主句时适当断句。**
But now, // in an early application of “big data” // (before the phrase became vogue), // MT systems typically work statistically.	但是现在，// 即“大数据”运用的早期 //（在“大数据”还没有成为流行词之前），// 机器翻译系统一般都是按照统计法工作。 **讲解：顺序驱动为主，以意群为单位。遇到插入语就断句。**
If you feed a lot of high-quality human-translated texts // into a translation model // in both target and source languages, // the model can learn the likelihood // that “X” in language A // will be translated as “Y” in language B.	如果你输入很多高质量的人工翻译文本 // 进入一个翻译模式，// 同时给出原文和译文，// 该模式可以学习一种可能性，// 即 A 语言的“X” // 能够翻译成 B 语言的“Y”。 **讲解：顺序驱动为主，以意群为单位。遇到同位语从句（that 引导），适当断句。**
(And how often, // and in what contexts, // “X” is more likely to be translated // as “Z” instead.)	（而且还可以给出 // 以多高的频率 // 和在何种语境下，//“X”更有可能翻译 // 成“Z”。） **讲解：顺序驱动为主，以意群为单位。插入语独立成句。**
The more data you feed in, // the better the model’s statistical guesses get.	你输入越多的数据，// 该模式的统计猜测结果就越好。 **讲解：顺序驱动为主，以意群为单位。**

（续表）

英　文	中　文
This is why Google // (which has nothing // if not lots of data) // has got rather decent at MT.	这就是为什么谷歌 //（它如果没有大量数据 // 就什么也不是）// 在机器翻译方面已经做得很好的原因。 **讲解：顺序驱动为主，以意群为单位。遇到插入语就断句。**

6.2.2 汉英视译讲解

中　文	英　文
习近平：// 工程科技创新 // 为人类文明进步 // 提供不竭动力	**Xi Jinping: // Innovation in Engineering Technology // Serves as an Inexhaustible Driving Force // for the Progress of Human Civilization** **讲解：顺序驱动为主，以意群为单位。适当调整语序。**
古往今来，// 人类创造了 // 无数令人惊叹的工程科技成果。	Throughout all ages, // mankind has made // marvelous achievements in engineering technology. **讲解：顺序驱动为主，以意群为单位。**
古代工程科技创造的许多成果 // 至今仍存在着，// 见证着人类文明编年史。	Many of these ancient achievements // are still there, // as a witness to the evolution of human civilization. **讲解：顺序驱动为主，以意群为单位。**

（续表）

中 文	英 文
如古埃及金字塔、// 古希腊帕提农神庙、// 古罗马斗兽场、// 印第安人太阳神庙、// 柬埔寨吴哥窟、// 印度泰姬陵等 // 古代建筑奇迹，// 如中国的造纸术、火药、印刷术、指南针等 // 重大技术创造 // 和万里长城、都江堰、京杭大运河等 // 重大工程，// 都是当时人类文明形成 // 的关键因素 // 和重要标志，// 都对人类文明发展 // 产生了重大影响，// 都对世界历史演进具有深远意义。	There are wonders of ancient architecture // such as the Pyramids in Ancient Egypt, // the Parthenon in Ancient Greece, // the Colosseum in Ancient Rome, // the Sun Temple of the Indians, // Angkor Wat in Cambodia // and the Taj Mahal in India. // In China, there are paper-making, gunpowder, printing and the compass, // as well as other major technological inventions. // There are also the Great Wall, // the Dujiangyan Irrigation System, // the Beijing-Hangzhou Grand Canal, // and other major engineering projects. // These were all key factors // in shaping human civilizations then // and are important symbols of them, // and they have made a significant and profound impact // on the development of human civilization // as well as on the progress of world history. **讲解：顺序驱动为主，以意群为单位。因中文原文太长，且并列成分多，英文中必须适当断句，适当调整顺序（如适当提前处理“古代建筑奇迹”和“中国的”等）并补充各个主语信息。**
近代以来，// 工程科技更直接地 // 把科学发现同产业发展联系在一起，// 成为经济社会发展的 // 主要驱动力。	Since modern times, // engineering technology has, in a more direct way, // connected scientific discovery // with industrial development // and has become the major driving force // for the development of economy and society. **讲解：顺序驱动为主，以意群为单位。**

（续表）

中　文	英　文
每一次产业革命 // 都同技术革命密不可分。	Every single industrial revolution // is inseparable from technological revolution. **讲解：顺序驱动为主，以意群为单位。**
18 世纪，// 蒸汽机引发了第一次产业革命，// 导致了从手工劳动 // 向动力机器生产转变的 // 重大飞跃，// 使人类进入了机械化时代。	In the 18th century, // the steam engine propelled the First Industrial Revolution, // which brought about the remarkable transition // from hand production methods // to powered machine production methods, // leading human beings into the mechanical era. **讲解：顺序驱动为主，以意群为单位。根据英文习惯，适当调整句子内部顺序（which brought about the remarkable transition）并使用现在分词短语（leading...）。**
19 世纪末至 20 世纪上半叶，// 电机和化工 // 引发了第二次产业革命，// 使人类 // 进入了电气化、原子能、航空航天时代，// 极大提高了社会生产力 // 和人类生活水平，// 缩小了国与国、// 地区与地区、// 人与人的空间和时间距离，// 地球变成了一个"村庄"。	From the late 19th century to the first half of the 20th century, // the Second Industrial Revolution began with the introduction // of electrical machines and chemical engineering, // which has made it possible for human beings // to enter into an era of electrification, // atomic energy, // aeronautics and astronautics. // It has improved social productivity // and people's living standard dramatically, // shortened the distances in time and space // among nations and regions // as well as people, // thus making the world a "village". **讲解：顺序驱动为主，以意群为单位。根据英文习惯，使用定语从句（which 引导），使结构更紧密。由于中文原句太长，英文应适当断句并补充各个主语信息。**

（续表）

中 文	英 文
20世纪下半叶，// 信息技术引发了第三次产业革命，// 使社会生产和消费 // 从工业化向自动化、智能化转变，// 社会生产力再次大提高，// 劳动生产率再次大飞跃。	In the latter half of the 20th century, // information technology marked the beginning of the Third Industrial Revolution, // which pushed social production and consumption // to transform from industrialization to automatization and intelligentization, // resulting in a giant leap in social and labor productivity. **讲解：顺序驱动为主，以意群为单位。基于中文意义并根据英文习惯，适当使用定语从句（which 引导）和现在分词短语，使句子结构更为紧凑。**
工程科技的每一次重大突破，// 都会催发社会生产力的深刻变革，// 都会推动人类文明 // 迈向新的更高的台阶。	Every major breakthrough in engineering technology // can bring about profound changes in social productivity, // and push human civilization // to a higher level. **讲解：顺序驱动为主，以意群为单位。**

6.3 视译实战演练

6.3.1 英汉视译练习一

The Guardian View // on AI in the NHS: // A Good Servant, // When It's Not a Bad Master

Technology helps us live better // and for longer; // in fact // it has been doing so // since the birth of modern medicine.

And as each new technology // comes into use, // it turns out to have medical uses, // even though these are not always the ones // that are sold hardest: // in the

1920s // the American press was full of advertisements // for the health benefits of radium, // which was then a mysterious and powerful substance // just as artificial intelligence (AI) is today.

AI won't work miracles // or make death unnecessary // by letting people // upload their minds into silicon, // but it might catch cancers earlier.

The Prime Minister on Monday said // that 30,000 lives a year would be saved // by 2030, // mostly through earlier // and more accurate diagnosis.

This is // about 10% of the annual cancer death rate // in Britain.

It is possible to object // that the money would be better spent // on less glamorous initiatives, // such as hiring enough care workers, // nurses and doctors // and paying them all properly.

But // while that is certainly very urgent, // there is no need to choose between the two approaches.

We need both.

At the same time, // one of Britain's biggest health trusts, // University College London Hospitals (UCLH), // announced a partnership with the Alan Turing Institute, // a body that collects the AI expertise of British universities, // which looks realistically promising.

It starts from the question of // how the NHS can use AI, // rather than asking how AI can rescue the NHS, // which of course it can't.

There is a huge contrast here // with some of the earlier attempts // in this direction, // in particular the partnership between Google's subsidiary DeepMind and the Royal Free Hospital, // which was widely and rightly criticised // because Google gained access to the benefits of data // that had been collected from patients and by the trust // without any of the patients having consented to this.

Indeed, // they could not have given informed consent // in many cases, // because the use to which their data would be put // was literally unthinkable // at the time when it was collected.

Privacy alone is an inadequate framework // in which to place all the problems // that arise with the collection and exploitation of data.

6.3.2　英汉视译练习二

How Companies Are Using Big Data to Boost Sales, // and How You Can Do the Same

People used to think // that big data was only for big business.

They were wrong.

Modern-day marketing has changed drastically // over the past decade.

Back in the day, // when companies wanted to tweak their advertising, // they would have to sift through // their sales data, click-throughs // and general behavior of their audience.

But big data has changed all that.

It's changed the way // that businesses market to their customers, // which in turn, // helps companies increase their profits.

Here are examples of // how companies are using big data today, // and how you yourself can use it // to boost your sales.

Predict products // that customers may want to purchase.

Amazon uses big data // to figure out exactly the type of products // you'll want to buy in the future.

The retail giant // hit a net worth of 1 trillion dollars // late in 2018.

In this context, // Amazon cites a variety of data points // to figure out what its customers want.

Those factors include: //

When customers make purchases; //

How customers rate their purchases; //

What customers with similar buying habits // are purchasing.

Obviously, // the last factor // is the most important one // as pertains to big data.

Amazon is able to correctly determine // what kind of products you want to buy // based on // customers with buying habits similar to yours.

Similarly, // you can use this kind of data // to make predictions for your own customers.

Get an edge against operational risks.

Back before the world was connected via technology, // issues of fraud were few and far between.

But now that // so many of us are connected // in one way or another, // sometimes an entire business can be compromised // in just a couple of keystrokes.

Operational risk is // particularly high in financial institutes.

As big data has evolved, // however, // financial institutes have realized // that they can use this information // to stop scam artists in their tracks.

This type of technology // can be helpful for any business.

As data is collected, // trends emerge // and anything // that deviates from "business as usual" // triggers an alarm.

This makes it easy // for companies to identify fraud // when it occurs // and to keep their operational risks // at a minimum.

Use key data // to influence the customer's behavior.

Big data is absolutely vital // for figuring out // how to get customers to make important decisions // when they land on your page.

As a business owner, // you can use this data // to give your customers // what they want // when they want it.

These are three of the most common ways // that companies are using big data every single day.

Because technology is continuing to grow, // big data is obviously here to stay.

Statista predicts // that the big data business world // is going to be worth $77 billion // by 2023.

Most people used to think // that big data was only for big business.

But, // as time goes on, // it is clear // that this technology is for everyone.

If you're interested in // pursuing big data in your small business, // a little research can get you started, // and before long // you'll be able to increase your revenue, // boost your email lead list // and expand your business // in ways you never thought possible.

6.3.3 汉英视译练习一

让互联网之光点亮未来

在乌镇举行的 // 第二届世界互联网大会上，// 习近平主席发表主旨演讲，// 与海内外 2000 多名嘉宾 // 共商互联网发展大计。

推进全球互联网治理体系变革的中国理念，// 共同构建网络空间命运共同体的中国主张，// 引起广泛共鸣，// 让世界聚焦互联网的“乌镇时间”。

纵观世界文明发展史，// 每一次产业技术革命，// 都给人类社会带来了深刻影响。

时至今日，// 以互联网为代表的信息技术 // 日新月异，// 让世界变成了 //“鸡犬之声相闻”的 // 地球村，// 网络正在改变 // 人类的生存方式。

但也应看到，// 互联网领域 // 发展不平衡、// 规则不健全、// 秩序不合理等问题 // 日益凸显。

从不断拉大的信息鸿沟，// 到侵害个人隐私、// 侵犯知识产权等问题，// 再到网络监听、网络恐怖主义活动等全球公害，// 无不呼唤国际社会 // 携手应对挑战，// 让网络发展更加文明有序、// 更有生机活力。

更好的互联网，// 离不开更加公正合理的 // 治理体系。

尊重网络主权是“奠基石”，// 维护和平安全是“防火墙”，// 促进开放合作是“推进器”，// 构建良好秩序是“防护网”。

四个方面相互为用，// 构成一个有机整体。

主权是平等的，// 安全是共同的，// 网络是开放的，// 法治是必要的。

摈弃零和博弈、// 赢者通吃的旧观念，// 坚持同舟共济、// 互信互利的新理念，// 才能一起搭乘 // 信息时代的快车。

6.3.4 汉英视译练习二

新华社记者对话任正非：// 八个问题 // 读懂华为

任正非和华为公司，// 堪称 // 当代商业史上的传奇。

华为走过了 // 怎样的创业、创新之路？ // 成功密码是什么？ //“28 年只做一件事”的 // 任正非 // 究竟做了 // 怎样“一件事”？ // 有着怎样的 // 心路历程？

带着一系列问题，// 新华社记者 // 近日走进 // 位于深圳龙岗坂田的 // 华为总部，// 与任正非面对面，// 进行了 3 个多小时的访谈……

【记者】

当下全球经济不景气，// 华为却逆风飞扬。

华为成功的基因和秘诀是什么？

【任正非】

华为坚定不移 28 年 // 只对准通信领域 // 这个“城墙口”冲锋。

我们成长起来后，// 坚持只做一件事，// 在一个方面做大。

华为只有几十人的时候 // 就对着一个“城墙口”进攻，// 几百人、// 几万人的时候 // 也是对着这个“城墙口”进攻，// 现在 // 十几万人 // 还是对着这个“城墙口”冲锋。

密集炮火，// 饱和攻击。

每年 1000 多亿元的 //“弹药量”// 炮轰这个“城墙口”，// 研发近 600 亿元，// 市场服务 // 500 亿元到 600 亿元，// 最终 // 在大数据传送上 // 我们领先了世界。

引领世界后，// 我们倡导建立 // 世界大秩序，// 建立一个开放、共赢的架构，// 有利于世界成千上万家企业 // 一同建设 // 信息社会。

华为坚定不移持续变革，// 全面学习 // 西方公司管理。

我们花了 28 年时间 // 向西方学习，// 至今还没有 // 打通全流程，// 虽然我们和其他一些公司比 // 管理已经很好了，// 但和爱立信这样的 // 国际公司相比，// 多了 2 万管理人员，// 每年多花 40 亿美元管理费用。

所以 // 我们还在不断 // 优化组织和流程，// 提升内部效率。

第七章　科技前沿（二）

人类自古以来就对太空一直充满好奇，并为找到各种问题的答案付出了诸多艰苦努力。近几十年来，随着科学技术的发展，人类对太空的探索加快了步伐，这主要体现在太空站建设及相关技术的研发与应用上。

7.1 背景知识

太空站（space station），又称空间站、航天站，是一种在近地轨道长时间运行、可供多名航天员巡访、长期工作和生活的载人航天器。空间站分为单模块空间站和多模块空间站两种。单模块空间站可由航天运载器一次发射入轨；多模块空间站则由航天运载器分批将各模块送入轨道，在太空中将各模块组装而成。空间站中要有人能够生活的一切设施，自身不具备返回地球的能力。

本部分将介绍与空间站相关的背景知识，包括：空间实验室、国际空间站、中国空间站、神舟飞船等，并给出一些关键词的中英文对照表。

7.1.1　空间实验室

空间实验室（space laboratory），又称太空实验室，是一种可重复使用和多用途的载人航天科学实验空间站，用于开展各类空间科学实验。

空间实验室的建设过程是先发射无人空间实验室，而后再用运载火箭将载人飞船送入太空，与停留在轨道上的实验室交会对接，航天员从飞船的附加段进入空间实验室，开展工作。航天员的生活必需品和工作所需的材料、设备均由飞船运送，载人飞船停靠在实验室外边，作为应急救生飞船。如果实验室发生故障，可随时载航天员返回地面，航天员工作完成后，乘飞船返回。

空间实验室与空间站是有区别的。空间实验室的基本概念是发展空间站，是从载人飞船过渡到载人航天基础设施的试验性航天器；而空间站的概念是可供多名航天员巡访、长期工作和居住生活的载人航天器。空间实验室与空间站在概念上的区别，在于前者强调功能，可能是一种空间站，也可能作为空间站的附属或航天飞机搭载的空间设备。

研制空间实验室是建造空间站的重要前提和技术保障，可对空间站的关键技术进行试验，获取经验，降低风险，为建造空间站打下基础。两者既有联系，又有明显区别，在任务目标、功能规模、技术指标、资金投入和研制周期等方面都存在一些不同。

苏联、美国和欧洲航天局已于 20 世纪七八十年代率先成功研制出空间实验室。中国空间实验室的雏形天宫一号已于 2011 年 9 月 29 日发射升空。中国首个真正意义上的空间实验室——天宫二号空间实验室，于 2016 年 9 月 15 日成功发射。

7.1.2 国际空间站

国际空间站（International Space Station，简称 ISS）是一个由 6 个国际主要太空机构联合推进的国际合作计划。这 6 个国际主要太空机构分别是美国宇航局、俄罗斯联邦航天局、欧洲航天局、日本宇宙航空研究开发机构、加拿大国家航天局和巴西航天局。参与该计划的共有 16 个国家，以美国、俄罗斯为首，其他 4 个重要成员是欧空局、日本、加拿大和巴西。欧空局成员方中参与到国际空间站计划的国家有：比利时、丹麦、法国、德国、意大利、挪威、荷兰、西班牙、瑞典、瑞士和英国，其中英国是项目开始之后参与进来的。国际空间站的设想是 1983 年由美国总统里根首先提出的，经过近十年的探索和多次重新设计，直到苏联解体、俄罗斯加盟，国际空间站才于 1993 年完成设计，开始建造。

由于美国认为太空空间站技术有军事用途，中国参与国际空间站遭到美国的反对，国际空间站筹划建设时美国反对邀请中国参与，所以中国没有成为国际空间站的启动方。

国际空间站最初的大体分工是：

• 美国研制试验舱、离心机调节舱、居住舱、节点 -1 舱、气闸舱、夯架结构和太阳能电池阵。

• 俄罗斯研制多功能货舱、服务舱、万向对接舱、对接段、对接与储存舱、生命保障舱、科学能源平台和 2 个研究舱。

• 欧洲研制试验舱、自动转移飞行器及节点舱 -2、3。

• 意大利研制 3 个多用途后勤舱。

• 日本研制试验舱，由增压舱、遥控机械臂系统、暴露设施和试验后勤舱组成。

• 加拿大负责研制移动服务系统，该系统包括空间站遥控操作机器人系统——加拿大机械臂 -2、移动基座系统和专用灵巧机械手。

• 巴西提供一些特殊试验设备。

空间站计划装配 13 个增压舱，其中 6 个是用于科学试验的研究舱，1 个是为空间站提供初始推进、姿控、通信和存储功能的多功能货舱，3 个是对接用的节点舱。

7.1.3　中国空间站

中国空间站，又称中国载人航天（Chinese Space Station, China Manned Space）。1992 年 9 月 21 日，中国政府决定实施载人航天工程，并确定了“三步走”的发展战略：第一步，发射载人飞船，建成初步配套的试验性载人飞船工程，开展空间应用实验；第二步，突破航天员出舱活动技术、空间飞行器的交会对接技术，发射空间实验室，解决有一定规模的、短期有人照料的空间应用问题；第三步，建造空间站，解决有较大规模的、长期有人照料的空间应用问题。

2010 年 9 月 25 日，中央政治局常委会议批准《载人空间站工程实施方案》，载人空间站工程正式启动实施，其任务目标是：在 2016 年前后，研制并发射8吨级空间实验室，突破和掌握航天员中期驻留、再生式生命保障以及货运飞船补加等空间站关键技术，开展一定规模的空间应用；在2020年前后，研制并发射基本模块为20吨级舱段组合的空间站，突破和掌握近地空间站组合体的建造和运营技术、近地空间长期载人飞行技术，开展较大规模的空间应用，为经济社会发展提供先进的空间技术平台。

中国载人航天工程发展历程大致如下：

2008年9月，神舟七号升空，实现航天员太空行走；

2011年9月，天宫一号空间实验室发射升空；

2011年11月，神舟八号发射升空，实现无人对接；

2012年6月，神舟九号发射成功，实现中国首次载人交会对接；

2013年6月，神舟十号发射成功，完成再一次载人交会对接任务；

2016年9月，天宫二号空间实验室发射升空；

2016年10月，神舟十一号发射升空，与天宫二号对接；

2017年4月20日，天舟一号货运飞船发射升空，完成与天宫二号对接和推进剂补加试验。

伴随天舟一号飞行任务的顺利完成，空间实验室阶段任务圆满收官，中国载人航天工程“三步走”战略中的第二步取得全面胜利。中国载人航天正阔步走进空间站时代。

2020年前后，中国将开始建造空间站，初期将建造三个舱段，包括一个核心舱和两个实验舱，每个规模20多吨，基本构型为T字形，核心舱居中，实验舱Ⅰ和实验舱Ⅱ分别连接于两侧。随后在空间站运营期间，最多时将有一艘货运飞船、两艘载人飞船，整个系统加起来将达90多吨。

中国载人空间站整体名称及各舱段和货运飞船名称具体如下：

载人空间站命名为“天宫”，代号TG；

核心舱命名为“天和”，代号TH；

实验舱Ⅰ命名为“问天”，代号WT；

实验舱Ⅱ命名为“梦天”，代号MT；

货运飞船命名为“天舟”，代号TZ。

空间站预计于2022年前后建成并投入正常运营，开展科学研究和太空实验，促进中国空间科学研究进入世界先进行列，为人类文明发展进步做出贡献。

7.1.4 神舟载人飞船

神舟载人飞船是中国自行研制的用于天地往返运输人员和物资的载人航天器，达到或优于国际第三代载人飞船技术，具有完全自主知识产权及鲜明的中国特色。神舟载人飞船可一船多用，既可留轨观测，又可作为交会对接飞行器，满足天地往返需求。

7.1.5 天宫一号

天宫一号（Tiangong-1）是中国第一个目标飞行器，于 2011 年 9 月 29 日在酒泉卫星发射中心发射。飞行器全长 10.4 米，舱体最大直径 3.35 米，由实验舱和资源舱构成。它的发射标志着中国迈入航天"三步走"战略的第二步第二阶段。

天宫一号的主要任务有：与神舟飞船共同完成航天器空间交会对接飞行试验；保障航天员在轨短期驻留期间的生活和工作，保证航天员安全；开展空间应用（包括空间环境和空间物理探测等）、空间科学实验、航天医学实验和空间站技术实验；初步建立短期载人、长期无人独立可靠运行的空间实验平台，为建造空间站积累经验。

2011 年 11 月 3 日凌晨，天宫一号与神舟八号飞船实现交会对接；2012 年 6 月 18 日与神舟九号对接成功；2013 年 6 月 13 日与神舟十号完成自动交会对接。

2016 年 3 月 16 日，在轨运行 1630 天后，天宫一号目标飞行器正式终止数据服务，全面完成了其历史使命。

7.1.6 天宫二号

天宫二号，即天宫二号空间实验室，是继天宫一号后中国自主研发的第二个空间实验室，也是中国第一个真正意义上的空间实验室，将用于进一步验证空间交会对接技术及进行一系列空间试验。

天宫二号主要开展地球观测和空间地球系统科学、空间应用新技术、空间技术和航天医学等领域的应用和试验，包括释放伴飞小卫星，完成货运飞船与天宫二号的对接。

天宫二号空间实验室于2016年9月15日在酒泉卫星发射中心发射成功，将与神舟十一号飞船对接。2016年10月19日，神舟十一号飞船与天宫二号自动交会对接成功。2016年10月23日，天宫二号的伴随卫星从天宫二号上成功释放。

7.1.7 天舟货运飞船

神舟十号任务完成后，中国载人航天工程全面进入空间实验室研制阶段。而在空间实验室阶段，将突破并验证推进剂补加技术、再生式环控生保技术等关键技术，为空间站建造奠定基础。

2016年9月15日，天宫二号空间实验室发射成功，将用于进一步验证空间交会对接技术及一系列空间试验，这标志着中国全面进入空间实验室任务实施阶段。

如果说载人飞船是天地往返的载人工具，那么货运飞船就是天地往返的运货工具。中国的天舟一号基于神舟飞船和天宫一号的技术研发，只运货不运人，货物运载量将是俄罗斯进步号M型无人货运飞船的2.6倍，在功能、性能上都处于国际先进水平。该飞船于2017年4月20日在文昌航天发射场发射升空，并于4月27日成功完成与天宫二号的首次推进剂在轨补加试验，标志着其飞行任务取得圆满成功。

7.1.8 月宫一号

“月宫一号”是北京航空航天大学建立的空间基地生命保障人工闭合生态系统地基综合实验装置，是为了集成验证生物再生生命保障系统单元技术、研究系统基础理论和方法、系统设计理论和方法、系统调控技术而建立的大型地基实验系统。

“月宫一号”基于生态系统原理将生物技术与工程控制技术有机结合，构建由植物、动物、微生物组成的人工闭合生态系统，人类生活所必需的物质，如氧气、水和食物，可以在系统内循环再生，为人类提供类似地球生态环境的生命保障。

自2004年起，北航科研团队经过10年努力研制出我国第一个、世界上第三个空间基地生命保障地基综合实验装置“月宫一号”，并于2014年5月成功完成了我国首次长期高闭合度集成实验，密闭实验持续了105天。2018年5月15日，“月宫一号”志愿者封闭生存370天出舱，表明我国此项技术已处于国际最高水平，研究成果将为我国今后深空探测生命保障提供理论和基础技术。

7.1.9　卫星

卫星是指围绕一颗行星并按闭合轨道做周期性运行的天然天体。人造卫星一般亦可称为卫星，是由人类建造，用太空飞行载具，如火箭、航天飞机等发射到太空中，像天然卫星一样环绕地球或其他行星运行的装置。

太阳系有八大行星，已知的天然卫星有185颗，除水星和金星外，其他行星都有卫星环绕。按卫星多少的排名顺序是木星79个，土星62个，天王星27个，海王星14个，火星2个和地球1个。不同卫星的体积和质量相差悬殊，半径大于1000 km的卫星有7个，月球即为其中之一。

7.1.10　长征系列运载火箭

长征系列运载火箭（Long March Carrier Rockets）是中国自行研制的航天运载工具，起步于20世纪60年代。1970年4月24日，长征一号运载火箭首次发射“东方红一号”卫星成功。

截止2018年底，长征火箭已经拥有退役、现役共计4代17种型号。长征火箭具备发射低、中、高不同地球轨道不同类型卫星及载人飞船的能力，并具备无人深空探测能力，低地球轨道（LEO）运载能力达到14吨，太阳同步轨道（SSO）运载能力达到15吨，地球同步转移轨道（GTO）运载能力达到14吨。截至2018年12月29日，长征系列运载火箭已飞行297次，发射成功率达到95.29%。

7.1.11 相关术语举例

中　文	英　文
舱	cabin; module; capsule; compartment
传感	sensing
对接	dock
发射	launch
发射台	launch pad; launch site
返回	return
飞行器	spacecraft
观测	observation
环形山	crater
货物	cargo
加注燃料	refuel
交会	rendezvous
近地轨道	low Earth orbit
探测器	probe; rover
推进	propel
推进剂	propellant
在轨	on orbit; on-orbit
载荷	payload
载人航天器	manned spacecraft
再生式	regenerative
着陆	land; landing

7.2 视译实战讲解

7.2.1 英汉视译讲解

英　文	中　文
China to Launch Robotic Cargo Ship // for Space Lab in April	**中国将发射货运飞船，// 四月与空间实验室对接** **讲解：顺序驱动为主，以意群为单位。时间（四月）提前。**
A key element of China's human spaceflight program // is being prepared for launch this April.	中国载人航天项目的一个关键部分 // 正在准备今年四月发射升空。 **讲解：顺序驱动为主，以意群为单位。**
The country's first cargo-carrying spacecraft, // known as Tianzhou-1, // arrived at a launch site in Wenchang City // in the southern Hainan Province // on Monday (Feb. 13), // according to Chinese media reports.	中国第一艘货运飞船，// 即天舟一号，// 已抵达文昌的一个发射场，// 该发射场在中国南方的海南省，// 抵达时间是 2 月 13 日周一。// 该消息来自中国媒体报道。 **讲解：顺序驱动为主，以意群为单位。适当重复并补充地点信息（该发射场）。**
The robotic Tianzhou-1 // can carry about 5 tons of supplies // into Earth orbit.	天舟一号 // 可以运送大约 5 吨供给货物 // 进入地球轨道。 **讲解：顺序驱动为主，以意群为单位。**
The cargo vessel is integral // to the operation of the space station // that China aims to build by 2020, // Chinese officials have said.	货运器对空间站的运行 // 必不可少，// 中国计划在 2020 年前将空间站建设完成。// 中国官员如是表示。 **讲解：顺序驱动为主，以意群为单位。适当补充定语从句的宾语信息（空间站）。**

（续表）

英 文	中 文
Once lifted by a Long March-7 booster // from the Wenchang spaceport, // the cargo ship will dock // with the now-orbiting Tiangong-2 space lab // and refuel that facility.	一旦搭载长征七号火箭 // 从文昌太空基地升空，// 该货运飞船将 // 与在轨运行的天宫二号空间实验室对接，// 并为其加注燃料。 **讲解：顺序驱动为主，以意群为单位。**
Payload Ratio	**有效载荷比** **讲解：顺序驱动为主，即“有效载荷比”。**
In an interview on CCTV-Plus, // Bai Mingsheng, // chief designer of Tianzhou-1 // at China Aerospace Science and Technology Corp., // put the freighter's hauling ability into perspective.	在接受中央电视台采访时，// 白明生 // 作为天舟一号的总设计师，// 他供职于中国航天科技集团，// 解释了该飞船的运送能力问题。 **讲解：顺序驱动为主，以意群为单位。适当断句并补充句子主语信息（他）。**
“The carrying capacity of Tianzhou-1 is designed // based on the scale of the space station, // in the principle of achieving the highest carrying capacity // with the lowest structural weight.”	“天舟一号的载重能力设计，// 要看空间站的规模，// 其原则是要达到承载能力最大，// 而同时结构重量最小。” **讲解：顺序驱动为主，以意群为单位。适当补充主语信息（其）并表达原文的转折或对比语气（而同时）。**
“There is an index // for the spacecraft's carrying capacity, // which is called payload ratio,” // Bai said. // “The payload ratio of Tianzhou-1 // can reach 0.48, // which is a relatively high figure // in the world.”	“有一个指标，// 用来说明飞船的承载能力，// 叫作有效载荷比。” // 白明生说道。 // “天舟一号的有效载荷比 // 可以达到 0.48，// 在世界范围内 // 都属于较高水平。” **讲解：顺序驱动为主，以意群为单位。**

7.2.2　汉英视译讲解

中　文	英　文
天宫一号目标飞行器超期服役两年半 // 功能近日失效	**Tiangong-1 Has Served for Two and Half More Years // and Will Be Disabled Soon** 讲解：顺序驱动为主，以意群为单位。转换词性（“失效”动词转为形容词 disabled），增加并列信息（and）。
已在轨飞行了 1630 天的 // 天宫一号目标飞行器 // 在完成了与三艘神舟飞船交会对接 // 和各项试验任务后，// 由于已超期服役 // 两年半时间，// 其功能于近日失效，// 正式终止数据服务。	During its on-orbit flight of 1,630 days, // Tiangong-1, the target spacecraft, // has accomplished rendezvous and docking with three Shenzhou spacecrafts, // and finished a variety of test missions. // Since it has now been in service for two and half years // longer than its scheduled life, // its functions will be disabled soon // and then it will stop its data transmission. 讲解：顺序驱动为主，以意群为单位。适当断句（since）并增加原文隐含的时间信息（will）。
地面跟踪观测显示，// 天宫一号目前 // 仍在其设计轨道飞行。	Ground tracking shows // that Tiangong-1 is still // operating in its designated orbit. 讲解：顺序驱动为主，以意群为单位。
天宫一号是实施空间交会对接的 // 目标飞行器，// 设计寿命 2 年。	Tiangong-1 serves as a target spacecraft // aimed at conducting space rendezvous and docking, // with a designed life span of two years. 讲解：顺序驱动为主，以意群为单位。适当调整句内顺序（将“目标飞行器”a target aircraft 提前）。

（续表）

中　文	英　文
2011年9月29日，// 天宫一号发射入轨，// 先后与神舟八号、九号和十号飞船 // 圆满完成多次空间交会对接，// 按计划 // 开展了 // 一系列空间科学实验和应用试验，// 为我国载人航天发展 // 做出了重大贡献。	On September 29, 2011, // it was projected into orbit, // and successfully docked with a series of spacecraft // including Shenzhou-8, Shenzhou-9 and Shenzhou-10. // Under the proposed plan, // it has carried out // a range of space science experiments and application tests, // thereby it has significantly contributed // to China's manned space program. **讲解：顺序驱动为主，以意群为单位。适当调整语序；适当断句（under...），补充主语信息（it）和逻辑关系信息（thereby）。**

7.3 视译实战演练

7.3.1 英汉视译练习一

Lunar Reconnaissance Orbiter: // NASA's Prolific Water Hunter

The Lunar Reconnaissance Orbiter (LRO) is a NASA moon mission // that has been in operation since 2009.

The mission particularly focuses on the moon's poles // to search for water or ice // that could exist // in permanently shadowed craters.

Among its results, // LRO made several water discoveries of its own // and released a highly accurate topographic map of the moon // in 2011.

The spacecraft even found // the remains of several early space program probes // that reached the moon // in the 1960s and 1970s.

NASA launched LRO // along with the Lunar Crater Observation and Sensing

Satellite (LCROSS), // which was also searching for water.

The two probes together // cost $583 million.

In 2009, // the agency deliberately smashed LCROSS into the moon.

The crash unveiled large tracts of water ice // at the lunar south pole, // in a crater called Cabeus.

After spending the first phase of its mission // as a scout for future probes, // LRO moved to dedicated science-gathering // in September 2010.

As of its fourth anniversary of operations // in July 2013, // LRO had sent back 434 terabytes of data // — more than the total // collected by all other NASA planetary missions together.

And it's still prolific today.

7.3.2 英汉视译练习二

Juno Spacecraft: // NASA's New Mission to Jupiter

The Juno spacecraft // will study Jupiter in detail // to give scientists a better idea of // the gas giant's // weather, magnetic environment and formation history.

It is expected // to arrive at Jupiter // on July 4, 2016.

If successful, // Juno will be the // second long-term mission at Jupiter // after the Galileo spacecraft // of the 1990s and 2000s.

However, // Juno's mission is planned // to last for a much shorter period, // as it is currently being targeted // to impact Jupiter // in February 2018.

Juno is one of three New Frontiers probes // that NASA is currently operating or building.

The others are New Horizons, // which flew by Pluto in 2015, // and OSIRIS-REx, // which is expected to fly to // asteroid 101955 Bennu in 2020 // to collect a sample // and return it to Earth.

7.3.3 汉英视译练习一

2020，// 中国探测器要去火星了

荒凉，空寂，// 砾石遍布，黄沙漫天，// 虽然毫无生气，// 但在数亿公里外的 // 人类始终对它充满好奇。

这颗红色行星上 // 是否曾经存在过生命？ // 火星与太阳系 // 是怎样起源及演化的？ // 未来能否 // 将火星改造成 // 人类可居住的星球？

这些问题 // 让科学家们迫切希望 // 从火星上找到答案。

首个“中国航天日”// 来临之前，// 中国首次火星全球遥感 // 与区域巡视探测任务 // 已获批立项，// 首个火星探测器预计 2020 年 // 发射飞往火星。

7.3.4 汉英视译练习二

神舟十一号载人飞船发射成功 // 飞行乘组状态良好

10 月 17 日 7 时 30 分，// 搭载神舟十一号载人飞船的 // 长征二号 F 运载火箭，// 在酒泉卫星发射中心 // 点火发射，// 约 575 秒后 // 神舟十一号载人飞船与火箭成功分离，// 进入预定轨道，// 顺利将景海鹏、陈冬 2 名航天员送入太空，// 飞行乘组状态良好，// 发射取得圆满成功。

这是我国组织实施的 // 第 6 次载人航天飞行，// 也是改进型神舟载人飞船 // 和改进型长征二号 F 运载火箭 // 组成的载人天地往返 // 运输系统 // 第 2 次应用性飞行。

飞船入轨后，// 按照预定程序，// 先进行约 2 天的 // 独立飞行，// 然后与天宫二号 // 进行自动交会对接。

组合体飞行期间，// 航天员进驻天宫二号，// 完成为期 30 天的驻留，// 并开展空间科学实验与应用技术试验，// 以及科普活动。

完成组合体飞行后，// 神舟十一号飞船撤离天宫二号空间实验室，// 独立飞行 1 天后 // 返回至着陆场，// 天宫二号转至独立运行轨道，// 继续开展空间科学实验和应用技术试验，// 并等待参加 // 天舟一号飞行任务。

目前，// 天宫二号运行在距离地面 393 公里的 // 近圆对接轨道，// 设备工作正常，// 运行状态良好，// 满足交会对接任务要求 // 和航天员进驻条件。

长征二号 F 运载火箭 // 与之前发射神舟十号的火箭 // 技术状态基本一致，// 为进一步提高安全性与可靠性，// 进行了部分技术状态更改。

这是长征系列运载火箭的 // 第 237 次飞行。

第八章　科技前沿（三）

第四次工业革命，是继蒸汽技术革命（第一次工业革命）、电力技术革命（第二次工业革命）、计算机及信息技术革命（第三次工业革命）之后的又一次科技革命。

8.1 背景知识

第四次工业革命，是以人工智能、清洁能源、机器人技术、量子信息技术、虚拟现实以及生物技术为主的全新技术革命。这是一场全新的绿色工业革命，它的实质和特征，就是大幅度提高资源生产率，经济增长与不可再生资源要素全面脱钩，与二氧化碳等温室气体排放脱钩。下面介绍第四次工业革命的相关内容及背景知识，并给出一些关键词的中英文对照表。

8.1.1　人工智能

人工智能（artificial intelligence，简称 AI）是研究、开发用于模拟、延伸和扩展人的智能的理论、方法、技术及应用系统的一门新的技术科学。

人工智能是计算机科学的一个分支，它企图了解智能的实质，并生产出一种新的、能以人类智能相似的方式做出反应的智能机器。该领域的研究包括机器人、语言识别、图像识别、自然语言处理和专家系统等。人工智能从诞生以来，理论和技术日益成熟，应用领域也不断扩大，可以设想，未来人工智能带来的科技产品，将会是人类智慧的“容器”。

人工智能是对人的意识、思维的信息过程的模拟。它不是人的智能，但能像人那样思考，也可能超过人的智能，是一门极富挑战性的科学。人工智能研究的一个主要目标是使机器能够胜任一些通常需要人类智能才能完成的复杂工作。但不同的时代、不同的人对这种“复杂工作”的理解是不同的。

8.1.2 清洁能源

清洁能源，即绿色能源，是指不排放污染物、能够直接用于生产生活的能源，它包括核能和可再生能源。后者（可再生能源）是指原材料可以再生的能源，如水能、风能、太阳能、生物能（沼气）、地热能、海潮能等这些能源。可再生能源不存在能源耗竭的可能，因此，可再生能源的开发利用，日益受到许多国家的重视，尤其是能源短缺的国家。

8.1.3 机器人

机器人（robot）是自动执行工作的机器装置。它既可以接受人类指挥，又可以运行预先编排的程序，也可以根据人工智能技术制定的原则纲领行动。它的任务是协助或取代人类的部分工作，例如生产业、建筑业的工作，或是危险的工作。联合国标准化组织采纳了美国机器人协会给机器人下的定义：“一种可编程和多功能的操作机；或是为了执行不同的任务而具有可用电脑改变和可编程动作的专门系统。”一般由执行机构、驱动装置、检测装置、控制系统和复杂机械等组成。

8.1.4 量子信息技术

量子信息技术是量子物理与信息技术相结合发展起来的新学科，主要包括量子通信和量子计算两个领域。量子通信主要研究量子密码、量子隐形传态、远距离量子通信的技术等；量子计算主要研究量子计算机和适合于量子计算机的量子算法。

8.1.5　虚拟现实

虚拟现实（virtual reality，简称 VR）技术是一种可以创建和体验虚拟世界的计算机仿真系统。它利用计算机生成一种模拟环境，是一种多源信息融合的、交互式的三维动态视景和实体行为的系统仿真，使用户沉浸到该环境中。

8.1.6　生物技术

生物技术（biotechnology）是应用生物学、化学和工程学的基本原理，利用生物体（包括微生物、动物细胞和植物细胞）或其组成部分（细胞器和酶）来生产有用物质，或为人类提供某种服务的技术。近些年来，随着现代生物技术突飞猛进地发展，包括基因工程、细胞工程、蛋白质工程、酶工程以及生化工程等取得了丰硕成果，人类开始利用生物转化特点生产化工产品，特别是用一般化工手段难以得到的新产品，改变现有工艺，解决长期被困扰的能源危机和环境污染两大棘手问题。该技术愈来愈受到人们的关注，且有的已付诸现实。

8.1.7　相关术语举例

中　文	英　文
地热能	geothermal energy
风能	wind power
海潮能	tidal power
核能	nuclear energy
机器装置	mechanical device
基因编辑	genetic editing; genetically edited
基因工程	genetic engineering
交互	interactive
检测装置	detection device
可再生能源	renewable energy

（续表）

中　文	英　文
控制系统	control system (unit)
量子计算	quantum computing
量子通信	quantum communication
模拟（仿真）	simulation; simulate
清洁（绿色）能源	clean (green) energy
驱动装置	driving unit
三维	three-dimensional
生物能（沼气）	bioenergy (biogas)
水能	hydropower
太阳能	solar energy
污染物	pollutant
执行机构	execution unit

8.2 视译实战讲解

8.2.1 英汉视译讲解

英　文	中　文
Artificial Intelligence and Go — A Game-Changing Result	**围棋"人机比赛"——逆袭之战** 讲解：顺序驱动为主，以意群为单位。
AlphaGo's masters taught it the game, // but an electrifying match shows // what the computer may have to teach humans.	AlphaGo 的师傅们教会了它下棋，// 但电光火石之战表明，// 电脑或反为人师。 讲解：顺序驱动为主，以意群为单位。

（续表）

英 文	中 文
It was not quite a whitewash, // but it was close.	李世石不全是一败涂地，// 但也几近如此。 **讲解：顺序驱动为主，以意群为单位。适当补充信息（围棋之战人类参与者“李世石”）。**
When DeepMind, // a London-based artificial intelligence (AI) company // bought by Google // for $400 m in 2014, // challenged Lee Se-dol // to a five-game Go match, // Mr. Lee —one of the best human players // of that ancient and notoriously taxing board game //—confidently predicted // that he would win 5-0, or maybe 4-1.	DeepMind // 是一家位于伦敦的人工智能公司，// 2014 年以 4 亿美元，//（约合 24.2 亿元人民币，）// 被谷歌收购。// 它向李世石 // 发起五局围棋挑战赛，// 而李世石是这项悠久且以费心劳力而出名的赛事的 // 人类最佳棋手之一。// 李曾自信地预测，// 他将以 5–0 或 4–1 取胜。 **讲解：顺序驱动为主，以意群为单位。适当断句并补充主语信息（它），补充原文的转折或对比语气（而）。遇到插入语（one of the best human players // of that ancient and notoriously taxing board game）做断句处理，并按照句内逻辑关系适当调整顺序。遇到外币，可将其转换成人民币，即补充目标语信息（根据当时汇率，约合 24.2 元亿人民币）。**
He was right about the score, // but wrong about the winner.	他对比分的预测无误，// 但胜者并不是他。 **讲解：顺序驱动为主，以意群为单位。**
The match, played in Seoul // to crowds on the edges of their seats // and streamed to millions online, // was won by the computer, // four games to one.	比赛在首尔举办，// 现场观众坐立不安，// 百万网民在线观看，// 最终 AlphaGo 获胜，// 比分是四胜一负。 **讲解：顺序驱动为主，以意群为单位。补充比赛电脑方名称信息（AlphaGo）。**

（续表）

英 文	中 文
Ever since Garry Kasparov, // a chess grandmaster, // lost to a computer in 1997, // Go —// which is far harder for machines —// has been an unconquered frontier.	自加里·卡斯帕罗夫，// 这位国际象棋大师 // 在 1997 年输给电脑之后，// 围棋 // 因为对电脑来说要难得多，// 一直是机器无法战胜人类的一个领域。 **讲解：顺序驱动为主，以意群为单位。插入的 which 引导的定语从句，做单独处理，适当补充表示逻辑关系的关联词（因为）。**
AlphaGo's win // demonstrates the power of "deep learning", // an AI technique // being used by firms such as Google, Amazon and Baidu // for everything // from face-recognition to serving advertisements on websites.	AlphaGo 的胜利 // 大展"深度学习"的威力，// 这是一种人工智能技术，// 谷歌、亚马逊和百度等公司都在使用它，// 用于面部识别及网站投放广告等方面。 **讲解：顺序驱动为主，以意群为单位。适当补充表语信息（它）。**
As the name implies, // deep learning allows computers // to extract patterns from masses of data // with little human hand-holding.	正如其名，// 深度学习可使电脑 // 从大量数据中提取出模式，// 而这些是人类几乎无法掌握的。 **讲解：顺序驱动为主，以意群为单位。适当补充原文的转折或对比语气（而）。**
Games make a good testing-ground for technology // that DeepMind hopes to apply // in medicine and scientific research.	比赛可充分检测技术，// DeepMind 希望将这项技术 // 用于医药和科研。 **讲解：顺序驱动为主，以意群为单位。**
The match was a roller-coaster.	比赛犹如过山车。 **讲解：顺序驱动。**
AlphaGo won the first three games.	AlphaGo 连胜前三场。 **讲解：顺序驱动。**

（续表）

英　文	中　文
Commentators were convinced // it had made mistakes, // but as it racked up wins, // they were forced to concede // that perhaps the machine, // which had learned from a mixture of watching humans play // and playing against itself, // was using strategies // its human masters had simply overlooked.	评论员确信，// AlphaGo 曾经出现失误，// 但随着其接连获胜，// 他们不得不承认，// AlphaGo 在观看人类下棋 // 及与自己对战中不断学习，// 并采用了人类大师们忽略的策略。 **讲解：顺序驱动为主，以意群为单位。适当补充主语信息（AlphaGo）并调整语序。**
The fourth game, though, // was thrilling.	然而第四场比赛 // 扣人心弦。 **讲解：顺序驱动为主，以意群为单位。**
A brilliant tesuji by Mr. Lee // seemed to throw the machine, // which had not foreseen it: // its next dozen plays were, // this time, real errors.	李世石一手妙招，// 似乎将 AlphaGo 置于困境，// 它之前并未预测到此举：// 结果它随后连续几十步 // 接连失误。 **讲解：顺序驱动为主，以意群为单位。**
That suggests // that there remain, // for now, // a few weaknesses // in the way AlphaGo plays.	这表明，// 目前 // AlphaGo 的棋路 // 还存在少许缺陷。 **讲解：顺序驱动为主，以意群为单位。适当调整语序。**
The fifth game underlined // how hard it is to exploit them.	第五场比赛凸显了 // 人类仍极难利用这些缺陷。 **讲解：顺序驱动为主，以意群为单位。适当补充动作主体信息（人类）并重复上文信息（这些缺陷）。**

（续表）

英 文	中 文
Once again, // the human commentators reckoned // that the machine had made a serious mistake early on.	再一次，// 人类评论员认为，// AlphaGo 开始时犯下大错。 **讲解：顺序驱动为主，以意群为单位。**
However, // Mr. Lee could not capitalize on it // and AlphaGo eventually clawed its way // back into contention.	然而，// 李世石并无法因此获利，// AlphaGo 最终逐步 // 又重获胜利。 **讲解：顺序驱动为主，以意群为单位。**
Computers are already better than humans // at chess, backgammon and even "Jeopardy!", // a punny American quiz show // that was won by Watson, // an IBM supercomputer, // in 2011.	电脑已经战胜了人类，// 包括象棋、西洋双陆棋，甚至"Jeopardy!"。//"Jeopardy!"是美国的一个问答节目，// IBM 的超级电脑沃森 // 在 2011 年 // 赢了该比赛节目。 **讲解：顺序驱动为主，以意群为单位。遇到定语从句适当断句并补充主语信息（Jeopardy!）；根据需要调整中文句子内部顺序。**
Go had been, // until now, // a redoubt of human mental superiority.	围棋此前 // 一直是捍卫人类智力优越感的堡垒。 **讲解：顺序驱动为主，以意群为单位。**
Yet // some see AlphaGo's victory as an opportunity: // it already seems // to have found new tactics and strategies // that humans can, in turn, learn from.	然而 // 有人视 AlphaGo 的胜利为机遇：// 它似乎 // 已经发现了新的策略和战略，// 这些策略和战略反过来可供人类学习。 **讲解：顺序驱动为主，以意群为单位。遇到定语从句适当断句并补充主语信息（这些策略和战略）。**

（续表）

英　文	中　文
Asked if AlphaGo's play // had given him new insights into the game, // Mr. Lee said it had.	被问及 AlphaGo 的招数 // 是否给予其启发，// 李世石表示肯定。 **讲解：顺序驱动为主，以意群为单位。**
"The typical, traditional, classical beliefs // of how to play —// I've come to question them a bit," // he reflected.	"典型的、传统的、经典的 // 下棋理论，// 我开始有些质疑它们了。"他反思道。 **讲解：顺序驱动为主，以意群为单位。**

8.2.2　汉英视译讲解

中　文	英　文
大数据提升 // 中国人工智能"比较优势"，// 但应警惕 AI 被"神化"倾向	**Big Data Gives China's Artificial Intelligence // More Comparative Advantages, // But Its Deification Should Be Avoided**① **讲解：顺序驱动为主，以意群为单位。**
业内人士称，// 需警惕 // 人工智能过度扎堆 // 及被"神化"倾向。	Insiders have warned // that we should be fully aware // of two tendencies of the development of AI in China, // that is, // its over-concentration // and deification. **讲解：顺序驱动为主，以意群为单位。适当补充相关信息（in China）。**

① 也可译为：but we should be well aware of the hype about it。

（续表）

中 文	英 文
从百度“阿波罗计划”// 百亿掘金无人驾驶，// 到“阿尔法狗”// 战胜世界围棋第一人柯洁，// 再到谷歌实时翻译耳机横空出世……// 人工智能（AI）无疑是当下最热门的科技话题 // 及投资热土。	From Baidu's Apollo Project, // which is a ten-billion-yuan investment in autonomous driving, // to AlphaGo, // which beats the world's number one Go player Ke Jie, // to the high-profile launch of Google's smart headphones // capable of real-time translation, // AI is everywhere. // It is doubtlessly the most popular topic in science and technology // and the most favored area for investment now. **讲解：顺序驱动为主，以意群为单位。根据英文习惯，使用定语从句（which 引导）；补充原文隐含信息并适当断句（AI is everywhere.）；补充主语信息（it）。**
作为互联网应用创新大国，// 近年来，// 中国在人工智能领域的发展尤为迅猛。	As a big nation in Internet application and innovation, // in recent years, // China has been very fast in the development of AI. **讲解：顺序驱动为主，以意群为单位。适当调整英文句子内部句法结构与顺序（very fast）。**
在无人驾驶、// 金融服务、// 语音识别等领域的 // 创新应用层出不穷，// 在国际上培育起了特色鲜明的优势。	In areas such as // autonomous driving, // financial services, // and speech recognition, // China has made many innovative applications // and has fostered its own distinctive advantages internationally. **讲解：顺序驱动为主，以意群为单位。补充主语信息（China），适当调整英文句子内部顺序（in areas 提前；internationally 置后）。**

（续表）

中　文	英　文
不过 // 业内人士提醒，// 这一新兴产业的发展 // 存在过度扎堆 // 及被“神化”的倾向，// 方向把握不当 // 甚至会在国际上“掉队”。	However, // it is noted by insiders // that there are tendencies in this AI boom // for it to become overcrowded with resources // and become deified. // If we cannot deal with it properly, // China may even be left behind internationally. **讲解：顺序驱动为主，以意群为单位。原句太长，可适当断句（if 引导）并补充主语信息（we，China）。**
相关专家建议，// 我国应加快培育 // 对外核心竞争力，// 树立该领域产业发展的 // 企业主体意识，// 围绕企业创新做文章，// 放大既有优势，// 加速人工智能产业 // 对国外实现“换道超车”。	Experts suggest // that China should accelerate the cultivation // of its international core competitiveness // and initiative-taking of the enterprises // in this industry, // and focus on enterprise innovation. // In this way, // China could be able to maximize its existing advantages // and “change a lane to overtake its competitors” // in the development of AI, // and thus outpace other countries. **讲解：顺序驱动为主，以意群为单位。适当断句（in this way）并补充主语信息（China）；补充原文的因果关系（and thus）。**
对于 AI 的发展趋势，// 中国工程院院士谭建荣 // 提出了五个方面的结合：// 与创新设计结合、// 与大数据结合、// 与知识工程结合、// 与虚拟现实结合、// 与精准生产结合。	Regarding the future development of AI, // Tan Jianrong, // an academician at the Chinese Academy of Engineering, // proposes five “integrations”, // namely, // AI’s integration with innovative design, // with big data, // with knowledge engineering, // with virtual reality, // and with precision manufacturing. **讲解：顺序驱动为主，以意群为单位。适当补充或重复关键信息（AI’s integration）。**

8.3 视译实战演练

8.3.1 英汉视译练习一

Google's Return to China // Foretells a Global Race to Deliver AI

With a new research center in Beijing, // Google hopes to strengthen its global position // in offering AI services through the cloud.

When Google abandoned the Chinese search market // over government censorship in 2010, // it seemed a remarkable act of self-sabotage.

The company's decision to return to China today, // by establishing a new AI research center in Beijing, // is all about safeguarding its future.

The center was announced // at an event in Shanghai today by Li Feifei, // a prominent AI researcher // and the chief scientist at Google Cloud.

With the announcement, // Google is acknowledging // the growing importance of China for the future of AI.

It is also setting the stage // for a battle // over who gets to deliver AI // to the rest of the world.

Indeed, // in the mad rush to attract AI talent, // Google simply cannot afford to ignore China // —especially when its home turf // is becoming less friendly to fundamental research.

In China, // meanwhile, // the big three Internet companies // Alibaba, Tencent, and Baidu // all have large cloud computing platforms of their own.

These companies are also investing big sums // in their own AI research programs.

And they will no doubt benefit // from a large commitment by the Chinese government // to invest in AI research // and to help companies tap into it.

Big tech companies in both the US and China // are now racing to add machine-learning capabilities // to their cloud computing systems.

Google does not have the biggest cloud computing business in the US, // lagging behind Amazon, Microsoft, and IBM.

But the search giant // is adding AI to its platform // at an impressive clip.

The tools available so far // are relatively simple, // offering ways to transcribe speech // or recognize objects in images or video, // for example.

But Google is working on ways // to automate the training // of more sophisticated and customized machine-learning models, // which should make the technology more accessible.

8.3.2　英汉视译练习二

China Taps Lode of "Fire Ice" in South China Sea

China announced what could be a big breakthrough // this week, // tapping for first time so-called "fire ice", // or natural gas trapped deep under the ocean floor.

It's a potentially explosive development // for an energy-starved country // looking for additional sources of natural gas.

China mined the unique form of natural gas hydrate, // gas trapped in ice crystals, // on the ocean floor 4,000 feet // beneath the surface, // the Chinese Geological Survey announced Thursday.

The CGS said // it was able to extract methane // for seven straight days // in a landmark production experiment // that moves methane hydrate production one step closer // to commercial reality.

The experiment took place // some 175 miles southeast of Hong Kong.

Also called “combustible ice”, // methane hydrates are natural gas // trapped in the latticework of ice // in sea sediments and permafrost.

It burns easily // and like all natural gas // is a cleaner fossil fuel // than coal or oil.

Potentially, // the world has an enormous amount // — there is perhaps twice as much gas in methane hydrates // as in all the conventional gas deposits in the world — // but today // it is still prohibitively expensive to mine.

Down the road, // if technical and economic hurdles can be overcome, // that could be great news for countries // like Japan, China, and India — // all energy importers // who haven’t been able to replicate the US shale gas boom // (China) // or just don’t have the resources to even try // (most everybody else).

8.3.3 汉英视译练习一

汤晓鸥：// 人脸识别的“探路者”

在装有监控探头的十字路口，// 行人的性别、大概年龄、衣着特征等信息，// 以标签的形式 // 在电脑显示屏上不断跳动。

一旦其中某人的面部特征 // 与“黑名单”数据库里的信息比对成功，// 系统将会自动报警。

随着人脸识别技术的发展，// 以往科幻电影中才有的情节，// 正在变为现实。

“人脸识别技术 // 已经开始落地，// 在智慧城市、安防、预警、支付、信贷 // 等领域 // 有着广阔的应用前景。” // 计算机视觉专家 // 汤晓鸥说。

汤晓鸥目前担任 // 香港中文大学 // 信息工程系 // 系主任，// 兼任中国科学院 // 深圳先进技术研究院 // 副院长。

这位中央组织部“千人计划”入选者，// 是全球人脸识别技术的 // “开拓者”和“探路者”。

早在 1992 年，// 在美国麻省理工学院 // 攻读博士学位的汤晓鸥 // 开始接触人脸识别的算法。

获得博士学位后，// 他先后在香港中文大学 // 和微软亚洲研究院工作，// 继续从事计算机视觉相关领域的研究。

“我们一直在思考 // 如何把计算机视觉、人工智能 // 用到日常生活中。” // 他说。

具有里程碑意义的研究成果 // 出现在 2014 年。

这年 3 月，// 汤晓鸥研究团队发表了 // GaussianFace // 人脸识别算法。

8.3.4　汉英视译练习二

中国研制出 // 首个太空机器人

据相关研究人员透露，// 中国将于 2020 年前 // 将其首个太空机器人送往太空 // 执行一系列任务，// 如给卫星添加燃料、// 修建空间站等，// 甚至还可能开展军事任务。

该机器人完工后 // 将是中国制造的 // 最昂贵的机器人。

研究团队拒绝 // 透露具体费用，// 但仅首次发射的成本 // 就将达数亿元人民币。

这一机器人的初步版本 // 已在北京举行的世界机器人大会上 // 与公众见面，// 其体积相当于 // 普通办公工位的大小。

一位研究人员表示，// 该机器人项目的地面测试 // 已经完成，// 首发时间定在 // 未来几年内。

参考译文

第三章

3.3.1 英汉视译练习一

中 文

对房产限制政策的恐慌 // 使得中国股市受创

讲解：顺序驱动为主，以意群为单位。

中国股市初步回暖 // 发生在上周末，// 但股市在今日全面下跌。// 因为民众担心，// 中国一些大城市 // 可能将会出台更严厉的审查措施，// 对房地产融资严加审查。

讲解：顺序驱动为主，以意群为单位。根据逻辑关系（amid），适当断句。

上海证券综合指数 // 于周一下跌 0.7%，// 跌至 2957.82 点。// 而沪深 300 指数，// 即沪深交易所大型企业的沪深 300 指数，// 下跌 0.9%，// 收于 3169.73 点。

讲解：顺序驱动为主，以意群为单位。根据逻辑关系（while），适当断句；"沪深 300 指数（the CSI300 index）"后置定语较长，必要时需重复。

中国股市上周末 // 有所上涨，// 此前，中国工业企业的利润 // 增长速度 // 达到了 18 个月来的峰值，// 说明中国政府 // 对制造业采取的刺激措施 // 已经开始显露成效。

讲解：顺序驱动为主，以意群为单位。遇到 after/before 类时间词，需要根据语序调整为相反说法，比如 after 或 following 可以处理为"此前"，而 before 译为"之后"。

（续表）

中　　文
昨天公布的数据显示，// 长达七个月的 // 工业利润负增长 // 在一月和二月结束，// 利润涨幅为 4.8%，// 是自 2014 年 7 月以来 // 最快的增长速度。 **讲解：顺序驱动为主，以意群为单位。**
然而，// 股市因此上涨 1% 后，// 今日这一趋势被逆转。// 此前媒体报道称，// 中国东部省份浙江的金融监管机构 // 已经开始严格审查房地产融资，// 这一举措明显使民众担心 // 一些地方政府 // 将会采取更加严厉的控制措施 // 限制房地产融资，// 以调控大城市飞涨的房价。 **讲解：顺序驱动为主，以意群为单位。如前文所述，following 可译为“之前，此前”。考虑到原文较长，可适当断句并根据需要补充逻辑主语，如补充 apparently leading to fears 意群主语“这一举措”。**
上周，// 上海出台了政策，// 收紧非居民购房者的审批标准，// 并禁止无监管的借贷行为。// 而由于深圳的一手房价格 // 在一年内飞涨了 57%，// 深圳政府也出台了新政策，// 来稳定深圳的房地产市场，// 包括要求一些购房者 // 首付达到房价的 40%，// 并限制当地居民 // 购房不超过两套。 **讲解：顺序驱动为主，以意群为单位。考虑到原文较长，且有几重逻辑关系（while，where），应适当断句处理。**
人们认为，// 其他大城市也会效仿，// 因为城市地区的房价 // 开始与农村地区 // 急速拉开差距。 **讲解：顺序驱动为主，以意群为单位。**
上海的房地产指数 // 于周一下滑 1.8%，// 是工业产业中下跌最多的产业。 **讲解：顺序驱动为主，以意群为单位。**
全国的开发商 // 都受到了重创。// 北京城建投资发展股份有限公司 // 暴跌 6.34%，// 收于 12.40；// 南京栖霞建设股份有限公司 // 下降 5.27%，// 收于 6.29。// 这是今日下跌最多的两个企业。 **讲解：顺序驱动为主，以意群为单位。由于原文较长，应适当断句；最后一个意群根据需要补充主语（这），单独成句。**

（续表）

中　　文
保利房地产集团股份有限公司 // 下跌 2.5%，// 招商局蛇口工业区有限公司 // 下跌 2.8%，// 绿地控股集团 // 下跌 3%。 **讲解：顺序驱动为主，以意群为单位。**
在其他国家，// 日本日经 225 指数 // 小涨 0.77%，// 创两周来最高。// 印度孟买指数 // 下跌 1.66%，// 而韩国综合股价指数（KOSPI 指数）// 则下降了 0.06%。 **讲解：顺序驱动为主，以意群为单位。根据意群进行断句。**

3.3.2 英汉视译练习二

中　　文
麻醉药品委员会第六十届会议开幕词（节选） **讲解：顺序驱动为主，以意群为单位。根据中文习惯调整语序。**
在全面和均衡地 // 减少毒品需求的努力的 // 背景下，// 成果文件关注 // 预防吸毒 // 和以康复为导向的治疗 // 以及旨在尽量减轻 // 吸毒的 // 公共卫生和社会后果的措施，// 其中包括 // 基于药物辅助疗法 // 和注射器具交换的规划。 **讲解：顺序驱动为主，以意群为单位。适当调整中文句内顺序。**
换言之，// 在世卫组织术语中，// 即为：// 减少伤害。 **讲解：顺序驱动为主，以意群为单位。**
成果文件 // 进一步认识到巨大的问题，// 即由艾滋病毒、病毒性肝炎和其他血源性传染病 // 导致的巨大问题，// 这些传染病会通过注射吸毒传播。 **讲解：顺序驱动为主，以意群为单位。遇到定语从句，适当断句并补充主语信息（这些传染病）。**
成果文件还涉及 // 吸毒者的医疗需求，// 包括通过抗逆转录病毒疗法 // 对艾滋病毒感染者的治疗，// 以及使用可治愈丙型肝炎的 // 更新的治疗方案。 **讲解：顺序驱动为主，以意群为单位。**

（续表）

中　文
这非常重要。 **讲解：顺序驱动为主，以意群为单位。**
因为生死攸关。 **讲解：顺序驱动为主，以意群为单位。**
成果文件 // 列入了一些措辞精当的建议，// 目的是协助各国 // 改善受管制基本药物的 // 获取机会。// 受管制基本药物用于患者治疗，// 例如，// 缓解癌症患者的疼痛。 **讲解：顺序驱动为主，以意群为单位。遇到较长的后置修饰语，适当断句并补充主语信息（受管制基本药物）。**
它表明了一个坚定的承诺，// 即帮助各国消除众多障碍。// 从立法政策到价格，// 这些障碍限制获取 // 受管制但却不可或缺的药物。 **讲解：顺序驱动为主，以意群为单位。遇到定语从句，适当断句并补充主语信息（这些障碍）。**
采取正确的行动 // 变得更加重要。// 这是因为，// 最近世界卫生大会通过了 // 关于姑息治疗和癫痫的决议，// 要求改善 // 获得受管制药物的机会。 **讲解：顺序驱动为主，以意群为单位。**
女士们、先生们，// 我们决不可忘记，// 毒品管制政策的最终目标 // 是拯救生命。 **讲解：顺序驱动为主，以意群为单位。**
世卫组织估计，// 毒品使用 // 每年导致大约 50 万人死亡，// 但这一数字 // 只是世界毒品问题造成的 // 一小部分危害。 **讲解：顺序驱动为主，以意群为单位。**
在某些方面，// 情况越来越糟，// 而不是越来越好。 **讲解：顺序驱动为主，以意群为单位。**
许多国家正在经历 // 突发卫生事件危机 // 和药物过量引发的死亡。 **讲解：顺序驱动为主，以意群为单位。**

（续表）

中　文
这间会议室里，// 几乎每个人 // 都会结识一些父母，// 或将读到他们的东西，// 这些父母的儿女遭遇着毒品问题。 **讲解：顺序驱动为主，以意群为单位。遇到定语从句适当断句并补充主语信息（这些父母）。**
这些父母希望他们的儿女在治疗，// 而不是在监狱。 **讲解：顺序驱动为主，以意群为单位。**
令人欣慰的是，看到 // 你们议程上有这么多项目 // 涉及预防吸毒的措施，// 特别关乎青年人。 **讲解：顺序驱动为主，以意群为单位。**
鉴于各国和国际机构 // 继续在许多方面 // 与世界毒品问题做斗争，// 世卫组织促请人们 // 在制定政策时，// 要以医学和科学证据为依据，// 而不可基于种种情绪或意识形态。 **讲解：顺序驱动为主，以意群为单位。**
请大家相信，// 世卫组织将继续 // 在世界毒品问题的公共卫生方面做出努力，// 与联合国有关机构合作，// 包括与毒品和犯罪问题办公室和其他伙伴合作，// 并将这些努力 // 摆放在 // 理事机构 // 即将召开的会议 // 议程的重要位置上。 **讲解：顺序驱动为主，以意群为单位。**

3.3.3　汉英视译练习一

英　文
In the US History: // Three Waves of Feminism **讲解：顺序驱动为主，以意群为单位。**
The academic community generally agree // that since the American women's political awakening // starting with the feminist movement, // in the US history, // there have been three waves of feminism. // They basically coincided with // those in other Western countries. **讲解：顺序驱动为主，以意群为单位。根据需要适当断句。**

（续表）

英　文
To be specific, // the first wave // began in the late 1840s, // and waned in the 1920s. // The second // was from the 1960s // to the late 1980s. // The third // started in the 1990s // and is still going strong. **讲解：顺序驱动为主，以意群为单位。根据需要适当断句。**
In particular, // the third wave // has presented distinct features // of post-structuralism // and post-colonialism. // It aims to // target the main theories in the second wave, // and to de-structure the theories // to some extent, // shifting the attention // to issues ignored or overlooked // during the second wave. **讲解：顺序驱动为主，以意群为单位。适当断句，补充主语信息（it）；根据英文习惯，适当使用现在分词结构。**
More specifically, // it underlines issues related to women // concerning multiple races, // ethnic groups, // religious beliefs, // cultures, // sexual orientations, // values, and the like. // It advocates that people should jump out of // the existing mindsets of feminism, // and calls for the elimination // of gender roles and prejudices in society. **讲解：顺序驱动为主，以意群为单位。适当断句，补充主语信息（it）。**
Through the review // of the three feminist waves // in the US history, // we can see obviously // that the three waves // have left their marks // on American society, politics, economy, and culture. **讲解：顺序驱动为主，以意群为单位。适当调整句内顺序。**
They have not only brought changes to // American laws and constitution, // but also caused significant differences // in American people's opinions and ways of life. **讲解：顺序驱动为主，以意群为单位。**
They range from macro dimensions // such as suffrage // and women's entry into political office, // to micro aspects // like paid vacation for taking care of families. **讲解：顺序驱动为主，以意群为单位。根据需要补充主语信息（they，即“这三次女权主义浪潮带来的改变”）。**

（续表）

英　文
When it comes to // issues concerning women's rights and interests, // the feminist waves can be said // to be inclusive, // and striving for everything.
讲解：顺序驱动为主，以意群为单位。
From this perspective, // the career of the American feminists // is now far from culmination. // It still has a long way to go.
讲解：顺序驱动为主，以意群为单位。根据逻辑关系适当断句。

3.3.4 汉英视译练习二

英　文
The 2017 International Anti-Virus Conference (IAVC) Opened, // with Global Experts Discussing // Cutting-Edge Technology in Cyber Security
讲解：顺序驱动为主，以意群为单位。
The Ministry of Public Security, // the Office of the Central Leading Group for Cyberspace Affairs, // the Ministry of Industry and Information Technology, // the State Administration of Foreign Experts Affairs, // and Tianjin Municipal People's Government, // provided guidance for the 2017 International Anti-Virus Conference (IAVC). // Tianjin Public Security Bureau, // Tianjin Administration of Foreign Experts Affairs, // and the Management Committee of Tianjin Economic-Technological Development Area // served as the hosts. // The National Computer Virus Emergency Response Center // and the National Notification Center for Network and Information Security // organized the conference, // and Microsoft, // Tencent, // Baidu, // Alibaba, // Qihoo 360, // and AsiaInfo // offered assistance. // The conference // opened in Tianjin a couple of days ago.
讲解：顺序驱动为主，以意群为单位。原文为典型的中文长句，其主语“2017国际反病毒大会”前修饰语过长，需要切分意群单独成句。各种机构名称之间，视其长度，适当隔开处理。

（续表）

英　文
The theme was // "Internet of Everything: New Challenges of Anti-Virus". // The conference aimed to actively promote technological innovation, // and expounded China's propositions on work // in cyber security, // mobile security, // and in the anti-virus field. **讲解：顺序驱动为主，以意群为单位。**
Combined with current hotspots and challenges // in information network security // and anti-virus areas, // and targeted at noteworthy issues of cyber security // and new trends in industrial development, // the conference invited // Shen Changxiang and Ni Guangnan, // two academicians from the Chinese Academy of Engineering (CAE), // to deliver special reports. // Christophe Durand, a representative of INTERPOL, // Huma Chan, a representative of the Hong Kong Police Force, // and other well-known experts and scholars at home and abroad // were also invited to give technical reports. **讲解：顺序驱动为主，以意群为单位。涉及参会人员信息时可参考会议中英文议程。**
Participants included // heads of government departments, // famous domestic and overseas experts in information security, // and information security executives in businesses. // On topics such as anti-virus technology, // mobile applications control, // network threat governance, // and other cutting-edge technologies and trends // in information and cyber security, // the participants shared their opinions and had discussions. **讲解：顺序驱动为主，以意群为单位。原句主语过长且谓语在句末，需要适当断句并重复主语信息（participants）。**

第四章

4.3.1 英汉视译练习一

中　文

我用了两年时间 // 探索中国的丝绸之路，// 这是我的发现

讲解：顺序驱动为主，以意群为单位。

明天标志着 // 在北京举行的“一带一路”论坛开始。// 这是有关中国“一带一路”倡议的 // 第一次会议。

讲解：顺序驱动为主，以意群为单位。适当断句并补充逻辑主语信息（这）；根据需要调整中文句内顺序（“第一次会议”置后）。

28 位国家元首，// 100 位较低级别政府官员，// 数十个主要的国际组织，// 还有 1200 位来自不同国家的代表 // 预计会出席。

讲解：顺序驱动为主，以意群为单位。

此次会议预计 // 会是一场 // 关于一种倡议的开幕聚会。// 该倡议于 2013 年提出，// 但是还没有定义 // 自己的内涵。

讲解：顺序驱动为主，以意群为单位。适当断句，定语从句独立成句。

2015 年春天，// 我开始 // 经历各种陆上和海上旅行，// 都是沿着“新丝绸之路”，// 有 5 条新的陆上和海上贸易路线，// 它们联结了中国和欧洲。// 我想看看发生了什么，// 为自己的一本新书 // 和一系列文章做准备。

讲解：顺序驱动为主，以意群为单位。适当断句，宾语从句独立成句并补充逻辑主语信息（我）。

以下是第一部分，// 来自我在这些旅行中的所得见解。

讲解：顺序驱动为主，以意群为单位。

1.“新丝绸之路”是联络多国的网络，// 不是一个国家的倡议。

讲解：顺序驱动为主，以意群为单位。

（续表）

中　文
2. 亚投行是中国展示自己的方法，// 说明中国愿意 // 而且能够 // 在国际框架中合作。 **讲解：顺序驱动为主，以意群为单位。**

4.3.2 英汉视译练习二

中　文
花旗银行瞄准"一带一路"倡议 // 以增加其在华营收 **讲解：顺序驱动为主，以意群为单位。**
花旗银行期待 // 增加其在华营收，// 将通过借助"一带一路"倡议 // 带来的机会来实现。// 该行中国区总裁林钰华如是表示。 **讲解：顺序驱动为主，以意群为单位。适当断句并补充必要信息（林钰华）。**
花旗银行总部在纽约，// 是几家全球性银行之一，// 它在推动自己的跨境业务能力，// 以利用"一带一路"倡议 // 来创造利润。 **讲解：顺序驱动为主，以意群为单位。根据中文习惯，适当调整句内顺序（"来创造利润"置后）。**
"我们看到，// 越来越多的跨国客户 // 从'一带一路'中获益，// 他们中大多数是通过 // 成为'一带一路'项目供应商实现获益，// 这在工业领域表现得尤为明显。" // 林钰华 // 是花旗银行中国区总裁，// 她在周四接受路透社采访时如是说。 **讲解：顺序驱动为主，以意群为单位。适当断句并补充主语信息（他们）。**
林钰华接受采访时 // 是在一次会议的会场外，// 该会议本周 // 由花旗银行 // 于北京举办。 **讲解：顺序驱动为主，以意群为单位。适当断句并调整中文句内顺序（将时间提前）。**

（续表）

中 文
花旗银行的对手们，// 汇丰银行、渣打银行以及瑞士信贷银行 // 也在推动其跨境资本市场 // 和现金管理业务，// 以利用“一带一路”倡议带来的契机。 **讲解：顺序驱动为主，以意群为单位。补充必要信息（花旗的）。**
中国是花旗银行在亚洲的八大市场之一，// 这些市场为其创收 // 在十亿美元以上。 **讲解：顺序驱动为主，以意群为单位。根据需要将关键信息位置提前（花旗银行）。**
该银行的区域性报告指出，// 去年花旗的收入约为 7.7 亿美元，// 下降了 10.5%，// 在此之前，// 花旗银行出售了 // 其持有的广发银行股份。 **讲解：顺序驱动为主，以意群为单位。**
花旗银行盈利增长 1%，// 达到 1.63 亿美元。 **讲解：顺序驱动为主，以意群为单位。**
花旗银行与超过 80% 的 // 入选《财富》世界 500 强的中国企业 // 都保持着银行往来关系；// 林钰华指出，// 并且它提供服务的国家和地区中有 58 个，// 位于“一带一路”沿线。 **讲解：顺序驱动为主，以意群为单位。根据中文习惯调整语序。**
该银行期待 // 能够有更多收益，// 通过为“一带一路”相关活动 // 提供服务来实现，// 内容包括收购兼并、// 现金管理、// 贸易融资和对冲买卖等，// 林钰华表示。 **讲解：顺序驱动为主，以意群为单位。**

4.3.3 汉英视译练习一

英　文
First Train Link // Connecting Nordic Countries and China // Now Launches 讲解：顺序驱动为主，以意群为单位。
Packed with 41 containers, // an international cargo train // departed from Kouvola, // a railway hub in southeastern Finland // on November 10, 2017. // It's heading for the Chinese inland city of Xi'an. 讲解：顺序驱动为主，以意群为单位。补充读者可能不熟悉的地理信息（southeastern，Chinese inland）和时间信息（2017 年 11 月）并适当断句。
This is the first China-Europe express train // connecting China and the Nordic countries. 讲解：顺序驱动为主，以意群为单位。适当调整英文句内顺序。
It is reported // that this first train is packed with cargoes // from electromechanical equipment such as elevator fittings, // to goods such as foods, paper pulp, and so on. // It will travel // through Finland, Russia, and Kazakhstan, // and via the Horgos port // reaching its final destination in China. // It will cover a distance of more than 9,000 km // in 16 to 18 days. 讲解：顺序驱动为主，以意群为单位。适当调整英文句内顺序并断句。公制长度也可变为英制长度，即将 more than 9,000 km 转换为 around 6,000 miles。
The railway // is operated by Xi'an International Inland Port Investment and Development Group // of the Xi'an International Trade and Logistics Park. 讲解：顺序驱动为主，以意群为单位。补充中文中的单位完整信息。
During the initial period, // one train will be leaving Kouvola once a week, // and in the meantime, // another one will be leaving Xi'an running in the opposite direction. 讲解：顺序驱动为主，以意群为单位。

（续表）

英　文
When the operation of the route becomes regular, // it is going to play an important role // in strengthening economic ties // and cultural exchanges // between China and Europe, // so that both sides can share the fruits // of the construction of the Belt and Road Initiative. **讲解：顺序驱动为主，以意群为单位。适当调整英文句内顺序并补充逻辑关系信息（when，so that）。**
It is projected // that world-famous Nordic products, // such as electronic and electromechanical products, // salmon, blueberries, and so on, // are to be transported to Xi’an very quickly, // and will be distributed // from there to all domestic consumer markets. // In the meantime, // China’s equipment, // electronic devices, // as well as indigenous agricultural products // from the central and western regions // will acquire a quick access to Nordic countries. **讲解：顺序驱动为主，以意群为单位。适当断句。**
Chen Li, Chinese ambassador to Finland // commented, // “This is a pragmatic and effective form of cooperation. // It embodies // peacefulness and cooperation, // openness and inclusiveness, // mutual learning, // and mutual benefits, // which are exactly the core of the Silk Road spirit.” **讲解：顺序驱动为主，以意群为单位。适当调整英文句内顺序并根据英文习惯使用定语从句（which）。**

4.3.4 汉英视译练习二

英　文

Air China // Signed Nearly $400 m Purchase Orders // at the First China International Import Expo (CIIE)

讲解：顺序驱动为主，以意群为单位。适当调整英文句内顺序。

On November 7, 2018, // at the first China International Import Expo (CIIE), // based on its need // to improve international competitiveness, // Air China Limited (or Air China for short) // signed letters of intent for purchase transactions // with some famous international enterprises // such as RR, BP and Spafax. // The signed projects cover // aircraft engine maintenance, // jet fuel, // overseas film and TV program copyright, and so on, // the total of which // amounts to about $396 million.

讲解：顺序驱动为主，以意群为单位。补充时间信息（2018 年）；适当断句并根据英文习惯使用定语从句（the total of which）。

Ma Chongxian, // vice CEO of Air China, // said that holding the China International Import Expo // is an important strategic decision // made by the Communist Party of China Central Committee // with Comrade Xi Jinping at its core // to push a new round of opening-up measures. // It is also a major step // demonstrating that the Chinese government firmly supports // trade liberalization and economic globalization // and is willing to open its market to the world.

讲解：顺序驱动为主，以意群为单位。适当断句并调整英文句内顺序（将中文原文“重大举措”提前，即 It is also a major step...）。

Air China has grown // along with the implementation of China’s reform and opening-up. // Over the years, // with top equipment manufacturers and service providers // in aviation industries worldwide, // Air China has maintained good and stable relations. // In the year of 2018 alone, // its import procurement // has reached $4 billion // with about 400 overseas suppliers.

讲解：顺序驱动为主，以意群为单位。由于原文太长，英文应适当断句。

（续表）

英 文
Supported by a large fleet of aircraft, // in recent years, // Air China has ceaselessly expanded and optimized // its route network layout // both domestically and internationally. // Now, // with its route network // covering six continents, // Air China is able to run globally. **讲解：顺序驱动为主，以意群为单位。原文太长，英文应适当断句并补充主语信息（Air China）。**
Moreover, // in accordance with the B&R Initiative // and the programs of Beijing-Tianjin-Hebei Coordinated Development, // the Yangtze River Economic Belt, // and the Shenzhen Greater Bay Area, // Air China continues pushing forward // with its pivotal network strategy // to create international super hubs // in Beijing, Chengdu, Shanghai, and Shenzhen. **讲解：顺序驱动为主，以意群为单位。在句首补充逻辑关系（moreover）。**
At present, // the number of Air China's international routes // related to B&R // totals 35, // with its flights reaching 25 cities // in 19 different countries along the B&R. // This has strengthened its ability // to serve national strategies // and has generated positive influences // in the local communities. **讲解：顺序驱动为主，以意群为单位。适当断句并补充主语信息（this）；根据需要调整英文句内顺序。**
Through Star Alliance, // Air China's route network // now can cover 1,317 destinations // in 193 countries. **讲解：顺序驱动为主，以意群为单位。根据需要调整英文句内顺序并补充主语信息（Air China's）。**

第五章

5.3.1 英汉视译练习一

中　文
中国的债转股 // 和不良贷款审查 // ——一些初步的思考
讲解：顺序驱动为主，以意群为单位。
企业债务居高不下，// 面临的压力日渐增加。// 这从当前银行资产质量 // 就可以看出来。
讲解：顺序驱动为主，以意群为单位。遇到定语从句适当断句并补充主语信息（这）。
企业债务 // 是国内生产总值的 160% 左右，// 并仍在快速增长。
讲解：顺序驱动为主，以意群为单位。
越来越多的企业 // 显示出面临风险的迹象。// 比如，// 最新一期《全球金融稳定报告》指出，// 目前面临潜在风险的企业贷款 //（即由公司持有，// 且利息备付率 // 低于 1% 的贷款）// 占商业银行对企业贷款总额的比例 // 高达 15.5%，// 合 1.3 万亿美元 //（占 GDP 的 12%）。
讲解：顺序驱动为主，以意群为单位。根据中文习惯适当断句。
相比之下，// 银行一级资本 // 约 1.7 万亿美元 //（占风险加权资产的 11.3%），// 储备量 // 为 3560 亿美元。
讲解：顺序驱动为主，以意群为单位。
报告中提及的问题贷款，// 包括"关注贷款"，// 占银行企业和房屋贷款的比例 // 高达 5.5%，//（银行企业和房屋贷款 // 总计 6410 亿美元，// 占 GDP 的 6%），// 而在 2014 年年底时，// 问题贷款 // 占银行企业和房屋贷款的比例 // 仅为 4.4%。
讲解：顺序驱动为主，以意群为单位。遇到括号补充信息和介词短语时，适当断句，必要时重复信息（银行企业和房屋贷款）和补充主语（问题贷款）。

（续表）

中　文
过去几周，// 采用了新的战略 // 来处理银行不良贷款，// 新战略的轮廓 // 已经开始逐渐显露。
讲解：顺序驱动为主，以意群为单位。重复必要信息（新战略）。
其中两个主要的方式分别为：//（1）债转股；//（2）对不良贷款进行审查 // 之后抛售。
讲解：顺序驱动为主，以意群为单位。
审查方案，据报道，// 正在由一些大银行试行。// 抛售的对象只能是 // 机构投资者 //（很可能是国内的机构投资者），// 且整个方案，据报道，// 总值不超过 500 亿元人民币。//（这个数字 // 只是中国目前不良贷款的一小部分。）
讲解：顺序驱动为主，以意群为单位。遇到括号补充信息时，适当断句，在必要时重复信息（机构投资者）和补充主语（这个数字）。

5.3.2　英汉视译练习二

中　文
难闻的气味 // 徘徊在全球经济上空
讲解：顺序驱动为主，以意群为单位。
一切看上去都风平浪静。
讲解：顺序驱动为主，以意群为单位。
非常平静。
讲解：顺序驱动为主，以意群为单位。
股价在上升。
讲解：顺序驱动为主，以意群为单位。
油价在上涨。
讲解：顺序驱动为主，以意群为单位。

（续表）

中　文
中国经济趋稳。 **讲解：顺序驱动为主，以意群为单位。**
欧元区挺过了最艰难的时期。 **讲解：顺序驱动为主，以意群为单位。**
在 2016 年年初的恐慌之后，// 投资者们已经确信，// 情况其实并没有那么糟糕。 **讲解：顺序驱动为主，以意群为单位。**
但是，// 如果把耳朵紧贴地面细细聆听，// 你可能就会 // 听到利刃划过的呼啸声。 **讲解：顺序驱动为主，以意群为单位。though 虽然出现在句中，但在目光可及的情况下，根据中文习惯，可以调整顺序提到句首。**
在远处，// 正在准备 // 由直升机 // 向全球经济 // 空投钞票。 **讲解：顺序驱动为主，以意群为单位。preparations are being made 主语不明确，可直接译为“正在准备”。**
这个形势 // 就像亨弗莱 · 鲍嘉在电影《卡萨布兰卡》中的 // 一句经典台词一样：//“可能不是今天，// 可能也不是明天，// 但是它很快就要来了。” **讲解：顺序驱动为主，以意群为单位。**
但是，// 难道中国政府采取的措施 // 没有刺激经济活动，// 推动油价重回 // 每桶超过 40 美元的水平吗？ **讲解：顺序驱动为主，以意群为单位。原文 Beijing 指代“中国政府”，可直接译出。**
难道马里奥 · 德拉吉没有宣布 // 欧洲中央银行的 // 新刺激政策吗？ // 难道该政策不是旨在消除 // 通货紧缩的威胁吗？ **讲解：顺序驱动为主，以意群为单位。后置定语可独立成句并补充主语信息（该政策）。**

（续表）

中　文
难道成千上万的就业岗位 // 不是每个月 // 都在美国涌现吗？ **讲解：顺序驱动为主，以意群为单位。根据中文习惯调整语序（“每个月”提前）。**
对于上述的所有问题，// 答案都是肯定的。 **讲解：顺序驱动为主，以意群为单位。in each case 指的是上述的几个反问句，可处理为“上述的所有问题”。**
中国经济看上去 // 已经走出了低谷。 **讲解：顺序驱动为主，以意群为单位。**
对于油价跌至每桶 20 美元的恐慌 // 已经消退。 **讲解：顺序驱动为主，以意群为单位。补充隐含信息（跌至）。**
欧元区的物价 // 止住了跌势。 **讲解：顺序驱动为主，以意群为单位。地点状语适当提前。**
就业增加的趋势 // 在美国仍然持续。 **讲解：顺序驱动为主，以意群为单位。地点状语适当提前。**
国际货币基金组织预测 // 全球经济增长 // 今年会在 3% 出头 // ——这个数字虽然不算宏伟，// 但是也还说得过去。 **讲解：顺序驱动为主，以意群为单位。but not a disaster either 直译为“但也不是灾难”，但也可以反话正说，译为“但是也还说得过去”。**
（但是）// 别让这些表象给骗了。 **讲解：顺序驱动为主，以意群为单位。可以根据上文内容补充逻辑关系词（但是）。**
中国的经济增长源于 // 投资的急剧增加 // 和近两年来 // 最强劲的信贷增长。 **讲解：顺序驱动为主，以意群为单位。时间状语可适当提前；A is the result of B 如果翻译成“A 是 B 的结果”，就需要把后面几个意群都看完，根据顺序驱动的原则，可以处理为相反的说法，即“A 源于 B”。**

（续表）

中　文
油价的上涨趋势 // 看起来也非常脆弱。 **讲解：顺序驱动为主，以意群为单位。**
市场基本面，// 即石油的供给量仍然 // 大于需求，// 这一状态并没有发生改变。 **讲解：顺序驱动为主，以意群为单位。补充插入语隐含信息（石油的）并适当断句；根据需要补充主语信息（这一状态）。**
然后还有美国的情况。 **讲解：顺序驱动为主，以意群为单位。**
美国的经济有两个问题，// 一个非常明显，// 一个还埋伏在暗处。 **讲解：顺序驱动为主，以意群为单位。**
明显的问题是，// 人们的实际收入继续 // 被压缩，// 尽管失业率下降，// 这一情况也没有好转。 **讲解：顺序驱动为主，以意群为单位。遇到后置的让步状语，适当断句并在必要时重复主句信息（这一情况也没有好转）。**
美国人发现 // 工资的上涨几乎 // 跟不上物价的上涨，// 并且用于自由支配的钱 // 正在被消耗，// 用来应对租金 // 和医疗开支的上涨。 **讲解：顺序驱动为主，以意群为单位。后半句被动句很难一次性调整为“A 被 B 消耗”的结构，所以按照顺序驱动原则，被动结构的施事可以添加成分处理，如“用来应对……”。**

（续表）

5.3.3 汉英视译练习一

英　文
RMB Now in the SDR Basket: // Milestone in Its Globalization
讲解：顺序驱动为主，以意群为单位。“国际化”指“人民币的国际化”。
According to the *News and Newspaper Summary* // from China National Radio, // since yesterday (October 1, 2016), // the Chinese renminbi (RMB) has been officially included // in the Special Drawing Rights (SDR) basket // of the International Monetary Fund (IMF), // signaling progress // in making the RMB // an international reserve currency, // and marking an important milestone // in its globalization.
讲解：顺序驱动为主，以意群为单位。
Industry insiders reckon // that the inclusion of RMB // in the SDR basket // helps to stabilize the exchange rate of RMB, // and to relieve the pressure // on cross-border capital flows. // Combined with // several other efforts in promoting the RMB's globalization, // this inclusion will facilitate cross-border investment // by enterprises and also by residents.
讲解：顺序驱动为主，以意群为单位。适当断句并在必要时补充主语信息（this inclusion）。原文“促进……更为便利化”其实就是“便利了……”（facilitate）。
The SDR basket // previously // consisted of the US dollar, // the euro, // the Japanese yen, // and the British pound // pro rata, // among which the US dollar // accounted for over 40%.
讲解：顺序驱动为主，以意群为单位。
Lu Lei, // head of the Research Bureau // of the People's Bank of China, // in the past stated clearly // that joining the SDR basket // would be a positive signal // in the globalization of the RMB.
讲解：顺序驱动为主，以意群为单位。在目光所及范围内，适当调整句内顺序。

（续表）

英　文
The RMB has now truly become // the fifth member of the SDR basket, // with a share of almost 11%. // As a result, // the RMB will enjoy a higher international status // reflected first // in capital inflows. **讲解：顺序驱动为主，以意群为单位。根据逻辑关系适当断句。**
The inclusion represents // the recognition of the RMB // by the IMF and its member states. **讲解：顺序驱动为主，以意群为单位。**
In the long run, // as the RMB keeps globalizing, // the opening of capital accounts // and the reform of domestic capital markets // are expected to attract // more capital inflows. **讲解：顺序驱动为主，以意群为单位。**
Meanwhile, // the RMB's inclusion // enhances its international credit rating // and expands its use globally, // benefiting both businesses and ordinary people. **讲解：顺序驱动为主，以意群为单位。**
However, // the SDR is designed // to be reviewed // every five years. **讲解：顺序驱动为主，以意群为单位。**
Yi Gang, // a deputy governor // of the People's Bank of China, // stated clearly before // that the RMB's inclusion in the SDR basket // would not be once and for all. // A currency, // when meeting the requirements, // could join the SDR basket, // but when unqualified, // it may also be removed. **讲解：顺序驱动为主，以意群为单位。根据英文习惯适当断句。**
Since the SDR // cannot be traded, // it is anticipated // that this inclusion // in the short run // will not have many actual influences. **讲解：顺序驱动为主，以意群为单位。**

（续表）

英　文
However, // it could speed up // China's market reform. // As time goes by, // what we can expect in the future // are further opening-up of capital accounts, // and two-way capital flows, // which constitute the next key milestone // in the globalization of the RMB. **讲解：顺序驱动为主，以意群为单位。适当断句；根据英文习惯，必要时使用定语从句。**

5.3.4 汉英视译练习二

英　文
IMF Shows Confidence in China: // Upgrading China's Economic Growth Forecast // for 2016 **讲解：顺序驱动为主，以意群为单位。**
The International Monetary Fund (IMF), // on May 3, // released the latest // Regional Economic Outlook for the Asia Pacific[①], // projecting the economic growth of China // in 2016 and 2017 // to be 6.5% and 6.2% respectively. **讲解：顺序驱动为主，以意群为单位。**
Compared with // the projection by the same organization in January // that China's economic growth in 2016 // would be 6.3%, // the figure released on May 3 // increased by 0.2 percentage point. **讲解：顺序驱动为主，以意群为单位。**

① 也可以表达为更官方的 Regional Economic Outlook: Asia and Pacific。

（续表）

英　文
According to the IMF, // the current slowing down of China's economic growth // reflects the ongoing economic "rebalancing". // Consumption in China, // will be supported by // fast-increasing disposable income, // and the robust labor market in its major cities. // Its increase // will keep outnumbering that of investment. **讲解：顺序驱动为主，以意群为单位。适当断句并根据英文习惯调整句内顺序。**
The IMF analyzes in its Regional Economic Outlook for the Asia Pacific, // that due to the region's growing sensitivity toward China's economy, // the "rebalancing" of China's economy // in the short run // will exert negative effects // on the region's economic growth. // But the medium-term benefits // will be received // by the whole region. **讲解：顺序驱动为主，以意群为单位。适当断句并根据英文习惯调整句内顺序。**

（续表）

第六章

6.3.1 英汉视译练习一

中　文
《卫报》观点：// 人工智能在英国国家医疗服务体系中的作用 // ——良仆，// 如果不是恶主的话 **讲解：顺序驱动为主，以意群为单位。**
技术帮助我们生活更好，// 寿命更长。// 事实上，// 技术自现代医学诞生以来，// 一直在这样做。 **讲解：顺序驱动为主，以意群为单位。**
而且随着每一种新技术 // 投入使用，// 就有其医疗上的用途，// 即使这些用途并不总是那些 // 最难销售的：// 在 20 世纪 20 年代，// 美国媒体充斥着广告，// 宣传镭的健康效果，// 当时镭是神秘且强大的物质，// 就像今天的人工智能一样。 **讲解：顺序驱动为主，以意群为单位。**
人工智能不会带来奇迹，// 或使死亡变得没有必要，// 方法是让人们 // 上传自己的思维到芯片中去。// 但是人工智能可能会更早发现各种癌症。 **讲解：顺序驱动为主，以意群为单位。增加过渡词（方法是）并适当断句。**
英国首相在周一表示，// 2030 年前，// 每年有 3 万人的生命会得到挽救，// 主要是通过更早期 // 和更精准的诊断来实现。 **讲解：顺序驱动为主，以意群为单位。补充背景信息（英国）；根据中文表达习惯，将时间（2030 年）提前。**
这个数字 // 大概占英国 // 每年癌症死亡率的 10%。 **讲解：顺序驱动为主，以意群为单位。根据中文表达习惯，将地点（英国）提前。**
人们可能会提出反对，// 认为钱可以更有效地花在 // 不那么富有魅力的举措上，// 比如雇佣足够的看护工人、// 护士和医生，// 给他们更好的待遇。 **讲解：顺序驱动为主，以意群为单位。**

（续表）

中　文
但是，// 虽然这种需求肯定很紧迫，// 没有必要在两个方法中二选一。 **讲解：顺序驱动为主，以意群为单位。**
因为我们两个都需要。 **讲解：顺序驱动为主，以意群为单位。**
同时，// 英国最大的卫生信托基金会之一，// 伦敦大学学院附属医院（UCLH）// 宣布将与阿兰 · 图灵研究院合作。// 后者汇集了英国各大学的人工智能专家资源。// 该合作看起来现实可行，大有前途。 **讲解：顺序驱动为主，以意群为单位。遇到定语从句（that，which 引导），适当断句并补充主语信息（后者，该合作）。**
合作最先探讨的话题是，// NHS 如何使用人工智能，// 而不是人工智能如何能挽救 NHS。// 当然，人工智能不可能挽救 NHS。 **讲解：顺序驱动为主，以意群为单位。遇到定语从句（which 引导），适当断句并重复主句信息（人工智能不可能挽救 NHS）。**
这与之前的努力 // 反差很大，// 虽然努力的方向是一致的。// 之前的努力，// 尤其是谷歌子公司 DeepMind 与英国皇家自由医院的合作，// 受到广泛且合理的批评，// 因为谷歌获得了使用信息的好处，// 这些信息来自病人和基金会，// 而病人并没有事先同意这种做法。 **讲解：顺序驱动为主，以意群为单位。适当重复必要信息（之前的努力）；遇到定语从句（which，that 引导），适当断句并补充主语信息（这些信息）。**
事实上，// 很多情况下，// 即使提前告知，病人们也不太可能同意，// 因为将来会怎么用他们的信息，// 在搜集这些信息时，// 几乎是不可预测的。 **讲解：顺序驱动为主，以意群为单位。根据中文表达习惯调整语序（如将“很多情况下”提前）。**
隐私本身是不充分完善的框架，// 在该框架内放入所有的问题，// 这些问题随着信息的搜集和利用而出现。 **讲解：顺序驱动为主，以意群为单位。遇到定语从句（in which，that 引导），适当断句并补充主语信息（该框架，这些问题）。**

6.3.2 英汉视译练习二

中 文

公司如何利用大数据来促销售，// 以及你该如何效仿

讲解：顺序驱动为主，以意群为单位。

人们过去认为 // 大数据只是给大公司用的。

讲解：顺序驱动为主，以意群为单位。

他们错了。

讲解：顺序驱动为主，以意群为单位。

今天的市场营销已经发生了巨变，// 改变是在过去十年发生的。

讲解：顺序驱动为主，以意群为单位。必要时重复信息（改变）。

十年前，// 如果公司想调整广告策略，// 他们不得不筛选 // 销售数据、点击数据 // 和受众的一般行为数据。

讲解：顺序驱动为主，以意群为单位。

但是大数据改变了一切。

讲解：顺序驱动为主，以意群为单位。

它改变了 // 企业的营销模式，// 这些改变进而 // 帮助企业提高利润。

讲解：顺序驱动为主，以意群为单位。遇到定语从句（which 引导），适当断句并补充主语信息（这些改变）。

下面是一些例子，// 说明企业正在如何使用大数据，// 以及你也可以使用大数据 // 来促销。

讲解：顺序驱动为主，以意群为单位。

预测哪些产品 // 是顾客可能希望购买的。

讲解：顺序驱动为主，以意群为单位。

亚马逊使用大数据 // 准确推算 // 你在未来想购买的产品。

讲解：顺序驱动为主，以意群为单位。

（续表）

中　　文
这家零售商巨头，// 在 2018 年年末 // 资产净值为一万亿美元。 **讲解：顺序驱动为主，以意群为单位。根据中文习惯，提前时间状语（2018 年年末）。**
在这种情况下，// 亚马逊使用了多种大数据点 // 来确定顾客的需求。 **讲解：顺序驱动为主，以意群为单位。**
这些因素包括：// 顾客的购物时间；// 顾客对商品的评价；// 有相同购物习惯的顾客 // 都购买了什么。 **讲解：顺序驱动为主，以意群为单位。**
很明显，// 最后这个因素 // 是与大数据相关的 // 最重要因素。 **讲解：顺序驱动为主，以意群为单位。根据中文表达习惯调整语序。**
亚马逊能够准确推算 // 你想购买的商品，// 其依据是 // 那些与你购买习惯相同的顾客。 **讲解：顺序驱动为主，以意群为单位。**
同样，// 你可以使用这种数据 // 来预测你自己的顾客。 **讲解：顺序驱动为主，以意群为单位。**
抵御运营风险。 **讲解：顺序驱动为主，以意群为单位。**
在世界通过技术相连之前，// 欺诈问题非常罕见。 **讲解：顺序驱动为主，以意群为单位。**
但是现在，// 我们很多企业 // 以这种或那种方式 // 相互关联，// 有时候整个企业可能受到危害，// 仅仅因为几次敲打键盘。 **讲解：顺序驱动为主，以意群为单位。**

（续表）

中　　文
运营风险 // 在金融机构尤其高。 **讲解：顺序驱动为主，以意群为单位。**
但是，// 随着大数据发展，// 金融机构已经意识到，// 他们可以使用大数据 // 来跟踪阻止网络诈骗。 **讲解：顺序驱动为主，以意群为单位。适当提前逻辑词（however）。**
这种技术 // 可以帮助任何企业。 **讲解：顺序驱动为主，以意群为单位。**
搜集了数据后，// 就会出现一些趋势，// 那些 // 与“企业常规”不符的现象 // 会触发警告。 **讲解：顺序驱动为主，以意群为单位。遇到定语从句（that 引导）适当断句。**
这就很容易 // 让公司辨认欺诈行为，// 如果发生了的话，// 并且保持企业的运营风险 // 为最低。 **讲解：顺序驱动为主，以意群为单位。**
使用关键数据 // 来影响顾客行为。 **讲解：顺序驱动为主，以意群为单位。**
大数据绝对重要，// 能用于确定 // 如何让顾客做出重要决定，// 在他们访问你的网页的时候。 **讲解：顺序驱动为主，以意群为单位。**
作为企业老板，// 你可以使用这些数据 // 给你的顾客 // 提供他们想要的东西，// 而且是在他们想要的时候提供。 **讲解：顺序驱动为主，以意群为单位。遇到从句（that 引导）适当断句并重复必要信息（提供）。**
这些就是三种最常见的方式，// 公司每天用以使用大数据。 **讲解：顺序驱动为主，以意群为单位。**

（续表）

中　文
因为技术一直在进步，// 很明显，// 大数据会长期存在。 **讲解：顺序驱动为主，以意群为单位。根据中文习惯，适当提前状语（obviously）。**
Statista 统计公司预测，// 大数据企业的价值 // 将会在 2023 年前 // 达到 770 亿美元。 **讲解：顺序驱动为主，以意群为单位。补充原文背景信息（统计公司）；根据中文习惯，适当提前时间状语（2023 年）。**
大多数人过去认为 // 大数据只是给大企业用的。 **讲解：顺序驱动为主，以意群为单位。**
但是，// 随着时间流逝，// 很清楚，// 这种技术是大众的。 **讲解：顺序驱动为主，以意群为单位。**
如果你有兴趣 // 把大数据用于你的小生意，// 一点儿研究就可以帮助你起步，// 很快 // 你就会增加自己的收入，// 提高电子邮件的信息线索量，// 扩大生意，// 这些途径都是以前你觉得不可能的。 **讲解：顺序驱动为主，以意群为单位。**

6.3.3 汉英视译练习一

英　文
Let the Internet Light Up the Future **讲解：顺序驱动为主，以意群为单位。**
At the second World Internet Conference // held in Wuzhen, // Zhejiang Province, // Chinese President Xi Jinping delivered a keynote speech, // discussing with over 2,000 guests from home and abroad // the development of Internet. **讲解：顺序驱动为主，以意群为单位。适当断句并补充更为具体的地理信息（Zhejiang Province）。**

（续表）

英 文
The Chinese idea // regarding promoting the reform of a global Internet governance system, // and the Chinese way // of jointly constructing a cyberspace shared by all, // have been widely welcomed, // and have brought the world together // to focus on Wuzhen Time. **讲解：顺序驱动为主，以意群为单位。适当调整句子内部顺序，合并主语信息（the Chinese idea，the Chinese way）。**
We can see // that throughout the development of world civilization, // every industrial revolution // has brought about a profound impact on mankind. **讲解：顺序驱动为主，以意群为单位。适当断句并补充主语信息（we）。**
Till now, // information technology, // represented by the Internet, // is changing fast, // transforming the world // into a global village // where people can keep in contact with each other very easily. // The worldwide web is changing // our way of life. **讲解：顺序驱动为主，以意群为单位。适当使用定语从句（where 引导）并补充主语信息（people），把“鸡犬之声相闻”具体化。**
However, // we should also see // that the problems of its unbalanced development, // incomplete regulation, // and lack of order // are becoming increasingly prominent. **讲解：顺序驱动为主，以意群为单位。补充主语信息（we）。**
Problems such as the widening information gap, // infringement of privacy // and of intellectual property rights, // and more global threats such as network surveillance and cyber-terrorism, // are calling on the international community // to work together to meet the challenges, // and to create a more orderly // and vibrant cyber society. **讲解：顺序驱动为主，以意群为单位。根据英文习惯调整语序。**
A better cyber society // calls for a regulating system // which is more just and reasonable. **讲解：顺序驱动为主，以意群为单位。根据英文习惯使用定语从句（which 引导）。**

（续表）

英　文
Regarding this, // we think // that respecting network sovereignty is the basis, // maintaining peace and security is the firewall, // promoting openness and cooperation is the facilitator, // and good order is the protective net. 讲解：顺序驱动为主，以意群为单位。根据中文原意，补充信息（regarding this, we think that）以使英文更加完整。
These four aspects work together, // and formulate an integral whole. 讲解：顺序驱动为主，以意群为单位。
We also believe // that sovereignty is equal, // safety is shared by all, // an open network // and the rule of law are necessary in our society. 讲解：顺序驱动为主，以意群为单位。根据中文原意补充信息（we also believe that）。
We must get rid of the outdated zero-sum game // and the-winner-takes-all ideas, // and we should stick to the new concepts // of mutual trust and benefits. // Only in this way // can we all get on the express train // in this information era. 讲解：顺序驱动为主，以意群为单位。根据中文原意补充主语信息（we must get rid of，we should）并适当断句。

6.3.4　汉英视译练习二

英　文
Xinhua Dialogue with Ren Zhengfei: // Eight Questions to Ask // to Understand Huawei 讲解：顺序驱动为主，以意群为单位。补充逻辑关系（to ask）。
Ren Zhengfei and his Huawei company // can be rightly called legendary // in the history of contemporary business. 讲解：顺序驱动为主，以意群为单位。

（续表）

英　文
What is the story // behind Huawei's establishment and innovation? // What are its secrets of success? // What did Ren Zhengfei mean // when he said // "we have been focusing // on one thing for 28 years"? // What has he experienced // in the process? **讲解：顺序驱动为主，以意群为单位。根据中文原文的若干独立问题和英文习惯，对应断句并补充具体的逻辑关系（when 引导的时间状语从句），不必字字对译。**
With these questions, // our Xinhua reporters // recently visited // the Huawei HQ // in Bantian in the Longgang District of Shenzhen, // and had a face-to-face talk with Ren Zhengfei // for three hours. **讲解：顺序驱动为主，以意群为单位。**
Xinhua: Despite the global recession, // Huawei is making remarkable achievements. **讲解：顺序驱动为主，以意群为单位。补充逻辑关系（despite）。**
Could you tell us // what's behind Huawei's success story? **讲解：顺序驱动为主，以意群为单位。补充逻辑信息（could you tell us）。**
Ren: Huawei has, // for 28 years, // unswervingly charged at only one "opening in the wall", // that is, telecommunications. **讲解：顺序驱动为主，以意群为单位。根据英文习惯，适当断句并补充逻辑关系（that is）。**
Since we took shape, // we have been focusing on one thing, // and expanding our operations solely in this field. **讲解：顺序驱动为主，以意群为单位。**
With just dozens of employees, // we were charging at this "opening in the wall". // When the number of employees rose to hundreds, // to tens of thousands, // we were charging at the same target. // And now // when it has risen to more than one hundred thousand, // our target still remains the same. **讲解：顺序驱动为主，以意群为单位。根据英文习惯，适当断句并补充逻辑关系（when，and now）。**

（续表）

英　文
We launch saturation attacks on it // with heavy gunfire. 讲解：顺序驱动为主，以意群为单位。补充主语信息（we）。
Every year, we spend more than a hundred billion yuan // on the "ammunition" // for this target, // with 60 billion spent on research // and around 50 to 60 billion // on marketing services. // As a result, // we are now leading the world // in big data transmission. 讲解：顺序驱动为主，以意群为单位。根据英文习惯，补充主语信息（we）；适当断句并明确逻辑关系（as a result）。
Being the market leader, // we advocate the creation // of a general world order, // and an open and win-win structure, // which promotes the joint effort // of enterprises worldwide // to build an information society. 讲解：顺序驱动为主，以意群为单位。根据英文习惯，使用定语从句（which 引导）。
Huawei has been persistent // in its continuous reformation, // and has studied the Western way of business management // in all aspects. 讲解：顺序驱动为主，以意群为单位。根据英文习惯，适当调整句内顺序（in all aspects 置后）。
We have spent 28 years // learning from the West, // yet our whole process // has not been streamlined. // We are better than some companies // in management, // however, // when compared with multinational companies // such as Ericsson, // we have 20 thousand more management staff // and spend four billion dollars more on management. 讲解：顺序驱动为主，以意群为单位。根据英文习惯，补充逻辑关系（yet）并断句。
Therefore, // we are still working on // optimizing our organization and process // to improve internal efficiency. 讲解：顺序驱动为主，以意群为单位。补充逻辑关系（to）。

第七章

7.3.1 英汉视译练习一

中 文

月球勘测轨道器：// 美国宇航局的多功能水源探测仪

讲解：顺序驱动为主，以意群为单位。

月球勘测轨道器是美国宇航局的探月项目，// 该项目于 2009 年启动。

讲解：顺序驱动为主，以意群为单位。遇到定语从句（that 引导），适当断句并补充主语信息（该项目）。

该项目主要在月球两极附近 // 寻找水或冰，// 它们可能存在于 // 常年阴影处的环形山。

讲解：顺序驱动为主，以意群为单位。

月球勘测轨道器成果颇丰，// 它曾几次独立在月球上找到水，// 并于 2011 年 // 发回了一张十分精确的月球地形图。

讲解：顺序驱动为主，以意群为单位。根据中文习惯，将时间状语（2011 年）提前。

该探测器还找到了 // 几个早期月球探测器的残骸，// 这些探测器是 20 世纪六七十年代 // 发射至月球的。

讲解：顺序驱动为主，以意群为单位。遇到定语从句（that 引导），适当断句并补充主语信息（这些探测器）。

美国宇航局在发射月球勘测轨道器的同时，// 还发射了月球环形山观测和遥感卫星，// 该卫星的任务也是在月球上寻找水源。

讲解：顺序驱动为主，以意群为单位。遇到定语从句（which 引导），适当断句并补充主语信息（该卫星）。

两个探测器 // 总造价达 5.83 亿美元。

讲解：顺序驱动为主，以意群为单位。

（续表）

中　文
2009年，// 美国宇航局曾故意将遥感卫星撞向月球。 **讲解：顺序驱动为主，以意群为单位。**
该次碰撞发现了大片水冰，// 存在于月球南极，// 该处是一座名为凯布斯的环形山。 **讲解：顺序驱动为主，以意群为单位。根据中文习惯，适当断句并补充主语信息（该处）。**
结束其第一阶段的探测工作，// 即作为未来探测的探路者的工作后，// 月球勘测轨道器开始专注于采集科学数据，// 时间自2010年9月开始。 **讲解：顺序驱动为主，以意群为单位。**
截至2013年7月 // 发射四周年时，// 它已发回了434兆兆字节的数据。// 这一数目超过了 // 美国宇航局过去行星探测任务搜集到的数据总和。 **讲解：顺序驱动为主，以意群为单位。遇到插入语（"—"破折号），适当断句并补充主语信息（这一数目）。**
目前，// 它还在进行大量的工作。 **讲解：顺序驱动为主，以意群为单位。**

7.3.2 英汉视译练习二

中　文
朱诺号探测器：// 美国宇航局探测木星的新任务 **讲解：顺序驱动为主，以意群为单位。**
朱诺号木星探测器 // 将会深入研究木星，// 以让科学家更多了解 // 该巨型气体行星的 // 天气、磁场和形成史。 **讲解：顺序驱动为主，以意群为单位。适当补充必要信息，如（木星）探测器，气体（行星）。**

（续表）

中　文
它预计 // 将在 2016 年 7 月 4 日抵达木星。 **讲解：顺序驱动为主，以意群为单位。根据中文习惯调整语序（“2016 年 7 月 4 日”提前）。若按照顺序驱动法，也可译为“它预计到达木星的时间是 2016 年 7 月 4 日。”**
如果成功抵达，// 朱诺号将会是 // 第二个在木星上执行长期任务的探测器。// 之前有伽利略号探测器 // 在 20 世纪 90 年代和 21 世纪初进行过一次此类任务。 **讲解：顺序驱动为主，以意群为单位。根据时间逻辑关系，适当断句。**
然而，// 朱诺号的任务 // 持续时间较短，// 因为它的当前目标是 // 在 2018 年 2 月 // 撞击木星表面。 **讲解：顺序驱动为主，以意群为单位。根据中文习惯调整语序（“2018 年 2 月”提前）。**
朱诺号是美国宇航局“新疆界计划”的三个探测器之一，// 现都由美国宇航局运行或建造。 **讲解：顺序驱动为主，以意群为单位。补充相关信息“新疆界计划”（New Frontiers Program），它是美国宇航局（NASA）的中等规模太阳系探测计划。**
另外两个分别是新视野号探测器，// 它在 2015 年飞掠冥王星，// 和 OSIRIS-REx 探测器，// 它预计飞往 // 小行星 101955 Bennu，// 时间是 2020 年，// 以搜集一些样本，// 并带回地球。 **讲解：顺序驱动为主，以意群为单位。“新视野号探测器”也可译为“新地平线号探测器”；OSIRIS-REx 全名是“源光谱释义资源安全风化层辨认探测器”（Origins Spectral Interpretation Resource Identification Security Regolith Explorer），此处简化处理，不做翻译；101955 Bennu 即“101955 贝努号小行星”。**

7.3.3 汉英视译练习一

英　文

In 2020, // China's Probe Is Going to Mars

讲解：顺序驱动为主，以意群为单位。

Forever desolate, silent and lifeless, // Mars is fraught with gravel and sand, // though hundreds of millions of miles away, // human being's curiosity about this place // has never extinguished.

讲解：顺序驱动为主，以意群为单位。补充主语信息（Mars）。

Has life ever existed // on this red planet? // What about the origin and evolution // of Mars and the Solar System? // Is it possible in the future // to transform Mars // into a habitable planet for human beings?

讲解：顺序驱动为主，以意群为单位。

These questions // are urging scientists // to find the answers on Mars itself.

讲解：顺序驱动为主，以意群为单位。

As the first Space Day of China // is approaching, // China's first global and regional remote sensing patrol mission on Mars // has been officially approved. // The first Mars probe is scheduled // to launch in 2020.

讲解：顺序驱动为主，以意群为单位。

7.3.4 汉英视译练习二

英　文

China Successfully Launches Shenzhou-11 Manned Spacecraft, // and the Crew Are in Good Condition

讲解：顺序驱动为主，以意群为单位。补充动作主语信息（China）和逻辑关系（and）。

At 7:30 on October 17, 2017, // with Shenzhou-11 manned spacecraft atop, // a Long March-2F carrier rocket blasted off // from the Jiuquan Satellite Launch Centre in Gansu Province. // About 575 seconds later, // the spacecraft smoothly separated from the rocket // and entered its preset orbit, // sending the crew // —astronauts Jing Haipeng and Chen Dong— // into space safely, // marking the success of this launch mission.

讲解：顺序驱动为主，以意群为单位。根据英文习惯，适当断句并补充具体信息（2017，Gansu Province）。

This is the sixth manned space mission // organized and carried out by China, // and also the second application flight // of the manned shuttle system // between Earth and space. // The system consists // of the improved Shenzhou manned spacecraft // and Long March-2F carrier rocket.

讲解：顺序驱动为主，以意群为单位。根据英文习惯，适当断句并调整句内语序，关键信息可单独成句。

After the spacecraft is in orbit, // according to the preset programs, // it will fly independently // for about two days, // then it will conduct rendezvous and docking // with Tiangong-2 automatically.

讲解：顺序驱动为主，以意群为单位。根据英文习惯调整语序。

During the flight of this combined system, // the astronauts will enter the space lab Tiangong-2 // and stay there for 30 days, // carrying out space science and applied technology experiments // as well as science popularization activities.

讲解：顺序驱动为主，以意群为单位。

（续表）

英 文
After the flight, // Shenzhou-11 will part from the space lab Tiangong-2 // and return to the landing area // after one day's independent flight, // while Tiangong-2 will move into a separate orbit // to carry on with the two kinds of experiments mentioned above, // and wait to participate // in the tasks of Tianzhou-1. **讲解：顺序驱动为主，以意群为单位。补充逻辑关系信息（while 引导的目的状语从句）；原文中的两种实验任务上文已提及，可略译为 mentioned above。**
At present, // Tiangong-2 is in a near-circular docking orbit, // 393 kilometers above the Earth. // All the devices are functioning normally, // and the space lab is in good condition // and meets the requirements for rendezvous and docking // and for accommodating the astronauts. **讲解：顺序驱动为主，以意群为单位。根据英文习惯，适当断句并重复主语信息（the space lab，"天宫二号"可同义替换为 the space lab）。**
The technical parameters of this Long March-2F carrier rocket // are basically consistent // with those of the previous one // used to launch Shenzhou-10. // To improve its safety and reliability, // the rocket has gone through some technical adjustments. **讲解：顺序驱动为主，以意群为单位。根据英文习惯调整语序；适当断句并补充主语信息（the rocket）。**
This is the 237th mission // of the Long March rocket family. **讲解：顺序驱动为主，以意群为单位。**

第八章

8.3.1 英汉视译练习一

中　文

谷歌重返中国 // 预示其加入全球人工智能竞争

讲解：顺序驱动为主，以意群为单位。

谷歌在北京新建中心，// 希望加强其全球地位，// 提供云支持的人工智能服务。

讲解：顺序驱动为主，以意群为单位。适当调整主语（谷歌）的位置。

谷歌之前放弃中国的搜索市场，// 是因为 2010 年的中国政府审查制度。// 当时看起来是谷歌惊人的自我破坏之举。

讲解：顺序驱动为主，以意群为单位。补充原文隐含信息（中国）；根据原文意义适当断句并补充主体信息（谷歌）和时间信息（当时）。

该公司今天决定重返中国，// 在北京新建一个人工智能研究中心，// 都是为了保卫自己的未来。

讲解：顺序驱动为主，以意群为单位。

该中心成立的消息，// 是今天在上海由李飞飞宣布的。// 她是一位著名的人工智能研究者，// 也是谷歌云的首席科学家。

讲解：顺序驱动为主，以意群为单位。适当断句并补充主语信息（她）。

此举表明，// 谷歌承认 // 中国在人工智能未来发展中的重要性。

讲解：顺序驱动为主，以意群为单位。

也表明谷歌在做准备，// 将要加入竞争，// 看谁要为世界 // 提供人工智能。

讲解：顺序驱动为主，以意群为单位。适当调整语序。

事实上，// 在疯狂吸引人工智能人才方面，// 谷歌完全不能忽视中国，// 尤其是其总部所在国（美国）// 对基础研究越来越不友好之时。

讲解：顺序驱动为主，以意群为单位。遇到插入语，适当断句并补充关键信息（美国）。

（续表）

中　文
此时中国，// 三大互联网公司，// 即阿里巴巴、腾讯和百度，// 都已经拥有自己的大型云计算平台。 **讲解：顺序驱动为主，以意群为单位。**
这些公司也在大量投资 // 自己的人工智能研究项目。 **讲解：顺序驱动为主，以意群为单位。**
而且他们毫无疑问会获益，// 因为有来自中国政府的巨大承诺，// 将要对人工智能投资，// 来帮助这些公司进行开发。 **讲解：顺序驱动为主，以意群为单位。转换原文逻辑关系信息，将 from 转译为"因为"。**
中国和美国的大型科技公司 // 都努力将机器学习能力 // 加入到他们的云计算系统。 **讲解：顺序驱动为主，以意群为单位。**
谷歌的云计算业务在美国不是最大的，// 落后于亚马逊、微软和 IBM。 **讲解：顺序驱动为主，以意群为单位。**
但这家搜索引擎巨头 // 正在将人工智能加入其平台。// 这个平台存在于一个巨大的芯片中。 **讲解：顺序驱动为主，以意群为单位。适当断句并补充主语信息（这个平台）。**
目前能使用的工具 // 还相对简单，// 比如，// 提供一些方法来转写口语，// 或辨认图片或视频中的物体。 **讲解：顺序驱动为主，以意群为单位。适当调整中文语序（将"比如"提前）。**
但是谷歌正在研发一些方法，// 来自动化训练 // 更为复杂和定制化的机器学习模式，// 这将会让该技术更普及。 **讲解：顺序驱动为主，以意群为单位。遇到定语从句适当断句并补充主语信息（这）。**

8.3.2 英汉视译练习二

中　文

中国在南海开发“火冰”（可燃冰）矿脉

讲解：顺序驱动为主，以意群为单位。补充说明关键信息（可燃冰）。

本周，// 中国宣布一个重大突破，// 第一次开发所谓的“可燃冰”，// 也就是深海底埋藏的天然气。

讲解：顺序驱动为主，以意群为单位。按照中文习惯，将时间提前到句首（本周）。

这可能是一件爆炸性的事情，// 对于一个能源紧缺的国家而言，// 他们正在寻找另外的天然气来源。

讲解：顺序驱动为主，以意群为单位。遇到较长的后置定语，适当断句并补充主语信息（他们）。

中国开采了该形态独特的天然气水合物，// 即冰晶形式的气体，// 它存在于海水表面以下 4000 英尺（约 1219 米）// 的海底。// 这是中国国家地质调查局周四宣布的。

讲解：顺序驱动为主，以意群为单位。注意数字单位，可补充公制信息（约 1219 米）。

中国国家地质调查局表示，// 能够连续 7 天 // 提取出甲烷（沼气），// 这是一次标志性的生产试验。// 该试验将甲烷水合物生产推进了一步，// 更加接近商业化生产。

讲解：顺序驱动为主，以意群为单位。适当调整中文句内顺序，补充解释性信息（沼气）；遇到定语从句适当断句并补充主语信息（该试验）。

该试验在香港东南方向大约 175 英里（约 280 公里）// 处进行。

讲解：顺序驱动为主，以意群为单位。补充公制信息（约 280 公里）。

（续表）

中　文
甲烷水合物也叫"可燃冰"，// 是一种天然气，// 深藏在冰格中，// 位于海底沉积层和永冻层。 **讲解：顺序驱动为主，以意群为单位。根据中文习惯将主语提前（甲烷水合物）。**
它易燃，// 和所有天然气一样，// 是更为清洁的化石燃料，// 比煤或石油干净。 **讲解：顺序驱动为主，以意群为单位。必要时重复信息（干净）。**
据估计，// 世界上有巨大的甲烷水合物储量。// 或许它储存着两倍的气体，// 相比现有传统的天然气储藏量而言，// 但是今天，// 其开采费用仍然极其昂贵。 **讲解：顺序驱动为主，以意群为单位。遇到插入语可独立断句处理。**
未来，// 如果技术和经济障碍能够被克服的话，// 可燃冰对一些国家可能是大好的消息，// 如日本、中国和印度。// 它们都是能源进口国，// 不能复制美国的页岩气繁荣 //（比如中国），// 或者根本没有资源去尝试一下开采 //（比如大多数其他国家）。 **讲解：顺序驱动为主，以意群为单位。遇到插入语可断句处理并补充主语信息（它们）。**

8.3.3　汉英视译练习一

英　文
Tang Xiaoou: // The "Pathfinder" of Face Recognition Technology **讲解：顺序驱动为主，以意群为单位。**
When passing crossroads installed with monitoring probes, // pedestrians' information // such as gender, probable age, clothing, etc., // in the form of different tags, // would flicker on the computer screen. **讲解：顺序驱动为主，以意群为单位。**

（续表）

英　文
Once someone's facial features // match the information // stored in the "blacklist" database, // the system would automatically send out an alarm. **讲解：顺序驱动为主，以意群为单位。**
As face recognition technology develops, // a plot previously only found in science fiction films // is now becoming a reality. **讲解：顺序驱动为主，以意群为单位。**
"Face recognition technology // has been put into practice // and in areas // such as smart city projects, security, early warning, payment, credit, // and so on, // it has a broad and promising future", // said Tang Xiaoou, // a computer vision expert. **讲解：顺序驱动为主，以意群为单位。**
Tang currently serves // as the head // of the Department of Information Engineering // of the Chinese University of Hong Kong // and the vice president // of Shenzhen Institutes of Advanced Technology // of the Chinese Academy of Sciences. **讲解：顺序驱动为主，以意群为单位。**
He has been selected // as a member of the Thousand Talents Program // launched by the Organization Department of the CPC Central Committee, // and has been a "pioneer" and "pathfinder" // of face recognition technology globally. **讲解：顺序驱动为主，以意群为单位。**
As early as 1992 // when he was studying at MIT // for his PhD degree, // Tang began to do research in face recognition algorithms. **讲解：顺序驱动为主，以意群为单位。根据中文原文和英文习惯，将英文处理为含时间状语（when 引导）的句子。**
After obtaining his PhD degree, // Tang first worked at the Chinese University of Hong Kong // and then at Microsoft Research Asia // to continue his research in the field of computer vision. **讲解：顺序驱动为主，以意群为单位。补充时间先后信息（first, then）。**

（续表）

英　文
"We've been thinking about // how computer vision and artificial intelligence // can be used in everyday life," // he said. 讲解：顺序驱动为主，以意群为单位。
A milestone in research results // came in 2014. 讲解：顺序驱动为主，以意群为单位。
In March that year, // his research team published // GaussianFace, // a new face recognition algorithm. 讲解：顺序驱动为主，以意群为单位。适当补充信息（new）。

8.3.4 汉英视译练习二

英　文
China Has Developed // Its First Space Robot 讲解：顺序驱动为主，以意群为单位。
According to participating researchers, // by 2020, // China will launch its first space robot. // It is scheduled // to accomplish a series of tasks // including refueling satellites, // maintaining space stations, // and even carrying out military missions. 讲解：顺序驱动为主，以意群为单位。根据中文意义和英文习惯，适当断句并补充主语信息（it）。
If built successfully, // this robot will become the most expensive one // ever made by China. 讲解：顺序驱动为主，以意群为单位。适当调整语序。
Although the research team refuses // to disclose the exact figure, // it is estimated // that the cost of the first launch only // will be around several hundred millions of yuan. 讲解：顺序驱动为主，以意群为单位。根据英文习惯，将原文转折信息"但"（although）提前。

（续表）

英　文
The primary version (or prototype) of this robot // has already met with people // at the World Robot Conference in Beijing. // Its size is roughly equal to that // of an ordinary single workspace in an office. **讲解：顺序驱动为主，以意群为单位。根据英文习惯，适当断句并补充主语信息（its size）。**
A researcher said // ground testing of this robot // has already been accomplished, // and the first launch is set // to be conducted in the coming years. **讲解：顺序驱动为主，以意群为单位。**

参考文献

曹建新 . 2000. 摭评同步口译的“步调一致”. 外语与外语教学（5），23-24.

陈菁，肖晓燕 . 2011. 视译 . 上海：上海外语教育出版社 .

程昕 . 2016. 视译数理化表达式的策略 . 中国科技翻译（3），12-15.

邓玮 . 2017. 国内视译研究 30 年（1987—2016）回顾与反思——基于中国知网（CNKI）的文献计量分析 . 外国语文（5），97-102.

李箭 . 2005. 同声传译技能训练和运作模式 . 四川外语学院学报（3），130-132， 138.

林超伦 . 2012. 实战同传 . 北京：中国对外翻译出版公司 .

刘进 . 2011. 以视译促交传——一项基于实证的相关性研究报告 . 中国翻译（3), 37-41.

刘进，许庆美 . 2017. 视译认知加工模式研究 . 中国翻译（2），25-30，128.

马星城 . 2017. 眼动跟踪技术在视译过程研究中的应用——成果、问题与展望 . 外国语（2），81-89.

潘桂林 . 2014. NLP 视角下视译法的作用与应用 . 中北大学学报（社会科学版）30（2），75-81.

秦亚青 . 1987. 浅谈英中视译 . 外语教学（3），97.

秦亚青，何群 . 2009. 英汉视译 . 北京：外语教学与研究出版社 .

宋维 . 2013. 语言顺应论指导下的口译视译训练 . 长江大学学报（社会科学版）（3），104-105.

万宏瑜 . 2004. 解读图表：另一项重要的口译技能 . 中国翻译（2），85-88.

万宏瑜 . 2013. 基于形成性评估的口译教师反馈——以视译教学为例 . 中国翻译（4），45-49.

王建华 . 2009a. 同声传译中的视译记忆实验研究 . 中国翻译（6），25-30，92.

王建华 . 2009b. 英文带稿的摘要式视译记忆实验研究 . 外语与外语教学（12），53-56.

王建华 . 2014. 认知图式理论视角下的视译信息加工研究 . 外国语文（6），151-156.

王炎强，冯超，何刚强 . 2012. 视译基础 . 北京：外语教学与研究出版社 .

项霞，郑冰寒 . 2011. 隐喻的理解与表达：基于英译汉视译过程的实证研究 . 外语教学与研究（3），422-436，481.

项霞，郑冰寒 . 2015. 背景信息与隐喻视译质量——基于英译汉视译结果的研究 . 外语与外语教学（1），69-74，80.

杨承淑，邓敏君 . 2011. 老手与新手译员的口译决策过程 . 中国翻译（4），54-59.

杨艳君 . 2010. 视译在同传教学中的应用性研究 . 江西农业大学学报（社会科学版）(2)，148-151.

詹成 . 2012. 视译教学的原理、步骤及内容 . 上海翻译（2），48-50.

张吉良 . 2004. 同声传译的自我训练途径 . 中国翻译（5），84-87.

Dillinger, M. (1989). Componential processes of simultaneous interpreting. Unpublished Ph.D. Dissertation, Montreal, McGill University.

Dragsted, Barbara & I. G. Hansen. (2009). Exploring translation and interpreting hybrids: The case of sight translation. *Meta*, *54*(3), 588-604.

Gile, D. (1995). *Basic concepts and models for interpreter and translator training*. Amsterdam: John Benjamins.

Gile, D. (2001). Conference and simultaneous interpreting. In M. Baker (Ed.), *Routledge encyclopedia of translation studies* (pp. 40-45). London: Routledge.

Gran, L. & J. Dodds. (1989). *The theoretical and practical aspects of teaching conference interpretation*. Udine: Campanotto.

Jacobson, R. (2000). On linguistic aspects of translation. In L. Venuti (Ed.), *The translation studies reader* (pp. 113-118). London: Routledge.

Lambert, S. (2004). Shared attention during sight translation, sight interpretation and simultaneous interpretation. *Meta,* (49), 294-306.

Lambert, S. & B. Moser-Mercer. (1994). *Bridging the gap: Empirical research in simultaneous interpretation*. Amsterdam and Philadelphia: John Benjamins.

Pöchhacker, F. (2004). *Introducing interpreting studies*. London and New York: Routledge.

Pöchhacker, F. & M. Shlesinger. (2002). *The interpreting studies reader*. London and New York: Routledge.

Stansfield, C. W. (2008). *A practical guide to sight translation of assessments*. Rockville, MD: Second Language Testing, Inc.